Elogios para *El poder para cambiar*

Craig Groeschel nació para escribir este libro. Sentí como si me dejaran estar detrás de la cortina de una vida vivida a toda velocidad. ¿Es este libro un mapa de ruta para liberarte y avanzar? ¿Es un manual que te ayuda a vivir el tipo de vida que sabes que fuiste diseñado para vivir? ¿Es una invitación a una aventura con Dios? ¡Sí, mil veces, sí!

—Jon Acuff, autor de *Piensa mejor sin pensar
demasiado*, éxito de ventas del *New York Times*

Craig Groeschel hace que el cambio parezca posible. No es fácil abandonar lo que no debemos hacer y empezar a hacer lo que debemos, pero Craig sirve como un guía compasivo y hace que el cambio sea factible con ejercicios sencillos y preguntas introspectivas.

—Jennie Allen, autora exitosa del *New York Times*;
fundadora y visionaria de IF: Gathering

Si has luchado por cambiar tus hábitos, este libro constituye una ayuda inmensa. He leído más de un libro sobre los hábitos, pero este ha hecho que el poder para cambiar sea más claro y fácil de poner en práctica que nunca. ¡No dejes de leer este libro!

—Carey Nieuwhof, autor del éxito de ventas *At Your Best*;
presentador de *The Carey Nieuwhof Leadership Podcast*

A menudo pienso que cuando la gente quiere cambiar, busca remedios y una amplia gama de soluciones de autoayuda. Sin embargo, este libro te conduce a un cambio sobrenatural y duradero al mostrarte el amor de nuestro Padre celestial y el poder de su nombre. El pastor Craig lo hace de nuevo, escribiendo de forma muy clara acerca de cómo el cambio es posible gracias al poder de Dios en nosotros, no al nuestro.

—Sadie Robertson Huff, autora; oradora; fundadora, Live Original

La primera ley del movimiento de Newton dice que un objeto en reposo permanecerá en reposo, y un objeto en movimiento permanecerá en movimiento a menos que actúe sobre él una fuerza externa mayor. El cambio solo se producirá cuando algo mayor lo obligue a ocurrir. En *El poder para cambiar*, Craig Groeschel proporciona el plan para aprovechar el poder de la verdad bíblica con el fin de cambiar situaciones en las que durante

mucho tiempo hemos claudicado debido a la desesperanza. Este libro realmente cambiará tu vida.

—Nona Jones, ejecutiva de negocios; oradora;
autora de *Killing Comparison*

¡Qué frustrante es querer cambiar algunas cosas en nuestra vida y no poder hacerlo! Y más frustrante aún es no saber por qué no somos capaces de lograrlo. En este libro, el pastor Craig revela, de una forma práctica y sencilla, cómo realizar los cambios que deseamos paso a paso. ¿Lo mejor de todo? Está basado en el poder y la Palabra de Dios.

—Kaká, futbolista brasileño (retirado) y
Jugador Mundial de la FIFA 2007

Una vez más, Craig ha provisto una herramienta profunda, práctica y de aplicación inmediata para todos los que queremos convertirnos en las personas que Dios ve en nosotros. No puedo dejar de pensar en esto.

—Patrick Lencioni, autor del éxito de ventas
Las cinco disfunciones de un equipo

El poder para cambiar es tu guía para liberarte, ganar claridad en cuanto a tu llamado y convertirte en la persona que has nacido para ser.

—Jamie Kern Lima, autora de *Believe It*, éxito de ventas
del *New York Times*; fundadora de IT Cosmetics

Cuando leí este libro, lo primero que pensé fue: «¡Craig lo entiende de verdad!». Él ve la importancia de la forma en que pensamos, sentimos y elegimos, y cómo esto puede impactar el modo en que funcionamos en nuestro día a día y nuestra capacidad para cambiar. Su libro es un resultado natural de su genuino amor por las personas y su fe.

—Dra. Caroline Leaf, neurocientífica clínica y autora exitosa

Durante las últimas décadas, el pastor Craig ha sido una voz muy alentadora que ayuda a la gente a convertirse en la mejor versión de quién Dios diseñó que fueran cuando los creó. En *El poder para cambiar* ofrece consejos prácticos y sabiduría bíblica con el fin de que cada persona pueda tener un gran impacto.

—Tim Tebow, antiguo atleta profesional; autor de cinco éxitos de ventas del *New York Times*; fundador de la Fundación Tim Tebow

CRAIG GROESCHEL

EL PODER PARA CAMBIAR

Domina los hábitos más importantes

 Vida

La misión de Editorial Vida es ser la compañía líder en satisfacer las necesidades de las personas con recursos cuyo contenido glorifique al Señor Jesucristo y promueva principios bíblicos.

EL PODER PARA CAMBIAR
Edición en español publicada por
Editorial Vida – 2023
Nashville, Tennessee

2023 Editorial Vida
Este título también está disponible en formato electrónico.

Publicado originalmente en EUA bajo el título:
　　　　The Power of Change
　　　　Copyright © 2023 por Craig Groeschel
Publicado con permiso de Zondervan, Grand Rapids, Michigan 49530.
Todos los derechos reservados

Prohibida su reproducción o distribución.

A menos que se indique lo contrario, todas las citas bíblicas han sido tomadas de La Santa Biblia, Nueva Biblia de las Américas © 2005 por The Lockman Foundation. Usada con permiso, www.NuevaBiblia.com.

Las citas bíblicas marcadas «NTV» son de la Santa Biblia, Nueva Traducción Viviente, © Tyndale House Foundation, 2010. Usada con permiso de Tyndale House Publishers, Inc., 351 Executive Dr., Carol Stream, IL 60188, Estados Unidos de América. Todos los derechos reservados.

Las citas bíblicas marcadas «DHH» son de La Biblia Dios Habla Hoy, Tercera edición © Sociedades Bíblicas Unidas, 1966, 1970, 1979, 1983, 1996. Usada con permiso.

Las citas bíblicas marcadas «RVC» son de la Santa Biblia, Reina-Valera Contemporánea® © Sociedades Bíblicas Unidas, 2009, 2011. Usada con permiso.

Las citas bíblicas marcadas «TLA» son de La Traducción en Lenguaje Actual © 2000 por Sociedades Bíblicas Unidas. Usada con permiso.

Las citas bíblicas marcadas «PDT» son de la Palabra de Dios para Todos © 2005 por el Centro Mundial de Traducción de la Biblia.

Los enlaces de la Internet (sitios web, blog, etc.) y números de teléfono en este libro se ofrecen solo como un recurso. De ninguna manera representan ni implican aprobación o apoyo de parte de Editorial Vida, ni responde la editorial por el contenido de estos sitios web ni números durante la vida de este libro.

Craig Groeschel está representado por Thomas J. Winters de Winters & King, Inc., en Tulsa, Oklahoma.

Traducción: *Santiago Ochoa Cadavid*
Adaptación del diseño al español: *Deditorial*

ISBN: 978-0-82977-203-6
eBook: 978-0-82977-204-3
Audio: 978-0-82977-205-0
Número de Control de la Biblioteca del Congreso: 2022935617

CATEGORÍA: Religión / Vida Cristiana / Crecimiento personal

IMPRESO EN ESTADOS UNIDOS DE AMÉRICA
PRINTED IN THE UNITED STATES OF AMERICA

23 24 25 26 27 LBC 7 6 5 4 3

Contenido

Cuarta parte: Sembrar. No cosechar.

Quinta parte: El poder de Dios. No la fuerza de voluntad.

Introducción

Querer cambiar

Hay pocas cosas en la vida más frustrantes que saber que necesitas cambiar, querer cambiar e intentar cambiar, pero no experimentar ningún cambio en realidad.

¿Cómo lo sé?

Porque he intentado muchas veces cambiar, solo para chocar con la misma pared de ladrillos del fracaso una y otra vez.

Antes de empezar a aprender a dominar los hábitos que compartiré contigo en este libro, esa era mi vida.

Un ejemplo: como sabía que mis patrones de comidas no eran saludables y quería mejorarlos, intenté repetidamente cambiar mi dieta. Me comprometí a comer solo alimentos saludables. Lo lograba durante todo el día, pero por la noche mi motivación se marchitaba y mi fuerza de voluntad se debilitaba.

Terminaba mi exitoso día de comer bien con una pequeña golosina de recompensa a la hora de acostarme: biscochos de chocolate. Y algo salado. Quizá papas fritas y salsa. Y un poco de helado.

A la mañana siguiente, me levantaba sintiéndome culpable y caminaba avergonzado hasta la cocina para ver las pruebas en el lavaplatos y la basura.

Decidido a hacerlo mejor, tomaba un desayuno saludable, seguido de un almuerzo y una cena nutritivos. Pero luego comía una merienda de galletas a la hora de dormir. Y papas fritas. Y pastel de queso.

1

Finalmente, me sentía derrotado y dejaba de intentarlo. Parecía que tenía el deseo de cambiar, pero no el poder para hacerlo.

Tú has pasado por eso, ¿verdad?

Tú también has intentado cambiar. Tampoco te ha funcionado.

Sin embargo, ¿por qué?

Queremos un cambio.

Queremos cambiar.

Queremos que la vida sea diferente.

Ansiamos más.

¿Te suena familiar?

No obstante, sinceramente, nos cansamos. Nos sentimos exhaustos. Ya sea física, mental, emocional, espiritualmente o de todas las formas anteriores. El cambio es difícil. Intentar cambiar resulta agotador. Nuestro problema es un déficit de poder.

Añade al agotamiento nuestra sensación de vergüenza porque seguimos conformándonos con menos. Nos sentimos frustrados, como lo haría yo durante mis caminatas matutinas a la cocina. Empezamos a despreciar nuestro deseo de cambiar y nuestra aparente incapacidad para hacerlo.

Los siguientes son algunos comportamientos comunes que muchos de nosotros deseamos cambiar. En primer lugar, están los «comienzos». Como en: «Voy a»:

- Crecer en satisfacción
- Perder veinte libras
- Sentirme más cerca de Dios
- Darle nueva vida a mi matrimonio
- Salir de las deudas
- Ser constante en mi lectura de la Biblia
- Escapar de una relación perjudicial
- Hacer ejercicio

Luego están las «renuncias». Como en: «¡Se acabó! Dejaré de»:

- Estresarme
- Mostrar frustración
- Ser impaciente
- Llegar tarde
- Comer en exceso
- Beber en exceso
- Procrastinar
- Pensar de forma negativa

Independientemente de que haya enumerado o no alguno de tus comienzos y renuncias, sabes cuál es tu problema. Llevas años queriendo que ese «algo» cambie, pero parece que no encuentras la solución infalible.

Si llevas un diario, tal vez hayas mirado hacia atrás a lo que anotaste hace años y te hayas dado cuenta de que hoy sigues escribiendo lo mismo. O tal vez lleves un tiempo acudiendo a un consejero, pero sientas que no estás progresando como esperabas cuando comenzaste las sesiones. Estás luchando con los mismos problemas de siempre y todavía esperas que llegue ese cambio esquivo.

Lo que hace que todo esto sea mucho peor es que lo has intentado. Lo has intentado con todas tus fuerzas. No te has quedado sentado sin hacer nada. A lo largo de los años, has tomado un montón de decisiones, asumido compromisos, hecho resoluciones de Año Nuevo e intentos de establecer objetivos. En realidad, son las mismas decisiones, compromisos, resoluciones y objetivos. Porque, repito, sabes lo que hay que cambiar. Has decidido hacer por fin algo al respecto, una y otra vez. Sin embargo, hasta ahora, nada ha funcionado.

Es muy probable que odies eso de ti. Resulta vergonzoso y genera arrepentimiento. Cada vez que intentas cambiar y fracasas, te sientes peor. Te miras al espejo y dices: «Eres un asco». No obstante, te las arreglas para librarte del sentimiento y regresar a tu incómoda vida de siempre. Entonces vuelves a hartarte de tu problema y decides cambiar de *nuevo*. Al final, *vuelves* a fracasar. Esta vez no solo te enojas contigo mismo. Te sientes avergonzado e interiorizas el fracaso. En lugar de pensar: *Fracasé en lo que respecta al cambio*, piensas: *Soy un fracaso. Fracasé en la vida*. Has mezclado un coctel emocional de desprecio y vergüenza por ti mismo.

Esta es una pregunta que resulta difícil de escuchar: ¿qué pasa si dentro de unos años estás en este mismo lugar? ¿Quieres cambiar, pero sigues haciendo las mismas cosas, viviendo la misma vida?

Sé que suena deprimente, pero si no has visto la transformación que querías en los últimos años, ¿por qué suponer que la lograrás en el futuro? ¿Cómo va a cambiar algo si nada cambia?

Trágicamente, aquí es donde muchos se dan por vencidos. Se dicen a sí mismos: «No puedo cambiar, así que dejaré de intentarlo. Supongo que esto es lo que soy y cómo soy».

¿Significa todo esto que eres incapaz de cambiar?

¿Significa que Dios no responde a tus oraciones?

¿Significa que estás atrapado con los mismos problemas molestos por el resto de tu vida?

En absoluto.

Puedes cambiar. Te lo prometo. Más importante aún, Dios ha prometido que el cambio es posible para ti. Así como aprendí que lo era para mí.

Sin embargo, hay una razón por la que el cambio no llega. Tacha eso. Hay razones, en plural con una *s*.

Mala noticia: no experimentamos un cambio duradero debido a que intentamos cambiar de forma equivocada.

Buena noticia: podemos aprender a cambiar.

Gran noticia: vamos a aprender cómo hacerlo, juntos, en este libro. Vamos a acceder al poder del cambio dominando los hábitos que más importan.

Este es el plan que he diseñado para que logres el cambio. Cada capítulo contiene:

- Un concepto fundacional para provocar y desarrollar el cambio, apoyado en experiencias personales, historias, ejemplos, enseñanzas y las Escrituras.
- Un ejercicio práctico para que te comprometas y apliques las verdades que te he dado.
- Un principio rector para animarte e inspirarte al cambio.
- Un versículo bíblico proveniente del corazón del Padre.

En la primera parte evaluarás qué piensas de ti, cuál es tu visión de Dios y del futuro tú.

En la segunda parte aprenderás el valor de entrenarte por encima de solo esforzarte más.

En la tercera parte descubrirás cómo la esperanza no cambia nuestras vidas, pero los hábitos sí.

En la cuarta parte verás cómo el principio de cosechar-sembrar puede cambiar la trayectoria de tu futuro.

En la quinta parte comprenderás cómo el poder de Dios puede convertirse en el catalizador de un cambio duradero en tu vida.

Para que domines los hábitos que más importan, te ofrezco un camino claro para llegar a donde siempre has querido ir, el mismo que yo he seguido durante muchos años.

Si estás listo para empezar a vivir la vida que has estado esperando y soñando, vamos a descubrir el primer error que cometemos al intentar cambiar. Luego te ofreceré la primera solución.

¿Preparado?

Para experimentar un cambio que perdure, céntrate en el quién, no en el hacer.

Ejercicio 1

Para nuestro primer ejercicio, vamos a sentar algunas bases personalizando esta introducción.

Te voy a pedir que escribas los comportamientos que quieres cambiar. Pero antes, quiero que te olvides de las veces que has intentado iniciar un cambio, ya sea para comenzar algo o renunciar a hacerlo. A fin de hacer borrón y cuenta nueva, permítete un poco de gracia y acepta experimentar un nuevo comienzo. Es posible que tengas los mismos objetivos, pero tendrás un nuevo enfoque. Considera cualquier cambio que desees, incluso uno que hayas dejado de intentar hace tiempo, y permite que esto sea un reinicio, una renovación, un renacimiento para ti.

Escribe tus «comienzos», los comportamientos que deseas cambiar:

Escribe tus «renuncias», los comportamientos que quieres eliminar de tu vida:

Finalmente, si Dios te dijera que podría cambiar milagrosamente una cosa en ti, en este instante, ¿qué querrías que fuera?

Principio 1

**Para experimentar un cambio que perdure,
céntrate en el quién, no en el hacer.**

Pues estoy a punto de hacer algo nuevo.
¡Mira, ya he comenzado! ¿No lo ves?
Haré un camino a través del desierto;
crearé ríos en la tierra árida y baldía.

—Isaías 43:19, NTV

Primera parte

El quién. No el hacer.

1.1 Por qué haces lo que haces

Hay una verdad que debes aceptar si alguna vez vas a cambiar: haces lo que haces por lo que piensas de ti.

No confundas esto con por qué crees que haces lo que haces. Es posible que pienses que tomas decisiones basándote únicamente en:

- Sopesar los pros y los contras
- Lo que te hace feliz
- Lo que es mejor para ti y tu familia

No.

Haces lo que haces por lo que piensas de ti.

Deja que te lo explique, empezando con una historia.

Demostración A: La pelea del estacionamiento (de la iglesia)

Yo era un pastor relativamente joven, nuestra iglesia era todavía bastante nueva, y acabábamos de convertirnos en los orgullosos arrendatarios de un pequeño edificio de oficinas. Tal vez no debíamos sentirnos orgullosos; este solo era lo suficientemente grande a fin de proporcionar espacio para las oficinas de nuestro personal y las reuniones. El estado del edificio estaba a medio camino entre los decorados de *The Office* y *Motel Bates*. El barrio era, bueno, cuestionable. Sin embargo, habíamos empezado nuestra iglesia en un garaje y celebrábamos los servicios en un local alquilado, así que sí, estábamos orgullosos de tener por fin un edificio de oficinas de verdad, aunque todo en él fuera poco impresionante.

> **Haces lo que haces por lo que piensas de ti.**

Hasta el día en que oímos: «¡Una pelea! ¡Una pelea!».

El pastor Robert y yo estábamos trabajando una tarde entre semana (sí, los pastores trabajan en días distintos a los domingos) cuando nos dimos cuenta de que varios autos entraban de repente a nuestro estacionamiento. Lo primero que pensamos fue que tal vez se trataba de una fiesta sorpresa de agradecimiento al pastor. El segundo pensamiento fue que era imposible que se tratara de una fiesta sorpresa de agradecimiento al pastor.

Las personas que salían de un par de docenas de autos eran adolescentes. Y estaban haciendo un círculo. Con dos chicos en el medio. Y esos dos chicos empezaron a quitarse las camisas.

Ahhhhh. ¡Una pelea!

Resulta que nuestro estacionamiento era el lugar designado para que los estudiantes de secundaria se reunieran fuera del campus cuando alguien decía: «¡Nos vemos después de clases, dalo por hecho!». Esta era nuestra primera pelea desde que llegamos al edificio, y estaba a punto de producirse.

No recuerdo en qué estaba trabajando (probablemente analizando verbos griegos, porque eso es todo lo que hacen los pastores entre semana). No estoy seguro de lo que había estado haciendo Robert (probablemente analizando también verbos griegos). Sin embargo, la idea de ver una pelea me pareció algo más emocionante que aquello que hacíamos, así que salimos corriendo por la puerta principal gritando: «¡Una pelea! Una pelea!».

Aunque éramos pastores, seguíamos siendo jóvenes, así que no voy a mentir, queríamos ver la pelea. No obstante, cuando llegamos al estacionamiento, nos miramos y ambos supimos que no podíamos hacerlo. No podíamos ver la pelea debido a lo que éramos. Éramos cristianos. Pastores. Hacedores de la paz. No importaba lo que quisiéramos hacer, teníamos que ser fieles a lo que éramos. Así que pasamos de gritar: «¡Una pelea! ¡Una pelea!» a gritar: «¡Sepárense! ¡Sepárense!».

Haces lo que haces por lo que piensas de ti.

Demostración B: La Biblia

En Proverbios 23:7, Dios dice: «Pues como piensa dentro de sí, así es él».

¿Qué significa «como piensa dentro de sí»? Nosotros elegimos la historia que creemos.

Dos personas que han experimentado circunstancias casi idénticas pueden llegar a tener identidades muy diferentes. Por ejemplo, si han pasado por muchas cosas, la historia que uno podría contarse a sí mismo es: *Soy una víctima. Siempre me suceden cosas malas.* El otro podría vivir con una identidad diferente: *Soy un vencedor. No importa lo que la vida me lance, crezco ante los problemas y sigo adelante.*

La Biblia dice: «Pues como piensa dentro de sí, así es él».

¿Qué significa «así es él»? Quienes somos —nuestro carácter— le da forma a nuestros pensamientos sobre nosotros mismos y los demás. Lo que pensamos es un reflejo de lo que somos. Eso, a su vez, le da forma a nuestras vidas. No tenemos más remedio que vivir según lo que pensamos que somos. Lo que pensamos en nuestro interior, eso es lo que somos. Tomamos decisiones basadas en la forma en que nos identificamos a nosotros mismos.

> Quienes somos —nuestro carácter— le da forma a nuestros pensamientos sobre nosotros mismos y los demás.

Demostración C: La psicología

Los psicólogos y otros científicos sociales han confirmado repetidamente lo que experimenté en el estacionamiento y lo que Dios nos dijo hace tantos años en Proverbios 23: que uno hace lo que hace por lo que piensa de sí mismo.

James March, profesor de la Universidad de Stanford, le llamó a esto el modelo de identidad de la toma de decisiones.[1] Las investigaciones demuestran que, al tomar una decisión, nos hacemos esencialmente (y de forma subconsciente) tres preguntas:

1. «¿Quién soy?».
2. «¿Qué tipo de situación es esta?».
3. «¿Qué haría alguien como yo en esta situación?».

La identidad propia es una de las principales razones por las que tomas decisiones. Por ejemplo, si trabajas más de lo que es saludable, podrías:

- Tomar dos copas de vino cuando llegas a casa estresado del trabajo.
- Hacer ejercicio un par de horas al día, pero no encontrar tiempo para leer la Biblia.
- Jugar videojuegos durante horas, pero no encontrar tiempo para hacer ejercicio.
- Gritarles a tus hijos por cosas insignificantes.

Haces lo que haces debido a lo que piensas de ti.

Con frecuencia, nuestras identidades son una corriente subterránea no detectada que nos arrastra a decisiones y comportamientos. Sin embargo, a veces sí percibimos que la corriente nos influye y luego culpamos incluso a esa influencia por nuestras malas elecciones.

¿Por qué tu amiga sigue yendo de un novio perdedor a otro? Pregúntale a ella. Te dirá que no quiere eso. Simplemente ella es de esa forma. Siempre ha sido así. Quiere un chico, pero siempre parece atraer a los inapropiados.

¿Por qué tu otro amigo siempre tiene problemas con el dinero? Pregúntale a él. Te explicará que no es bueno con el dinero. No quiere hacerlo, pero siempre ha gastado demasiado, siempre ha estado endeudado. Es su forma de ser.

No. Esa no es la verdad con respecto a tus amigos. No obstante, si siguen creyendo que eso es cierto acerca de ellos, tendrá un impacto en sus vidas como si fuera verdad. Su comportamiento está siendo impulsado no por sus verdaderas identidades dadas por Dios, sino por las identidades con las que se definen a sí mismos.

Tú haces lo que haces por lo que piensas de ti.

Ejercicio 2

Usando los comportamientos clasificados como «renuncias» que enumeraste en el ejercicio 1, piensa en la creencia que está impulsando tu comportamiento. ¿Qué es lo que «piensas de ti» que motiva «lo que haces»?

Utiliza este ejercicio para ayudarte a identificar la percepción de ti mismo que impulsa tu resultado recurrente. Identifica el porqué detrás del qué. Identifica el quién detrás del hacer.

Cuando yo (comportamiento al que se «renuncia» del ejercicio 1), la creencia subyacente es que:

Ejemplos:

Cuando (bebo demasiado), mi creencia subyacente es que (la única forma eficaz de escapar de mi estrés y mi dolor es medicándome a mí mismo).

Cuando (elijo no leer mi Biblia), mi creencia subyacente es que (no creo realmente que Dios cumplirá sus promesas para mí).

Cuando (continúo en esa relación dañina), mi creencia subyacente es que (esto es todo lo que realmente merezco).

Duplica las frases para cada comportamiento en el espacio en blanco que se proporciona.

Cuando yo:

Mi creencia subyacente es que:

Principio 2

Haces lo que haces debido a lo que piensas de ti.

Jesús los miró fijamente y dijo:
—Humanamente hablando, es imposible, pero no para Dios. Con Dios, todo es posible.

—Marcos 10:27, NTV

1.2 El estancamiento a través de la modificación de la conducta

- «¡Voy a empezar a leer mi Biblia todos los días!».
- «Voy a dejar de ver tanta televisión».
- «¡Voy a terminar con mi novio, esta vez de verdad!».
- «No voy a gritarles más a mis hijos».
- «Voy a dejar de fumar».
- «Voy a despertarme un poco más temprano para empezar a llegar al trabajo cinco minutos antes en lugar de cinco minutos tarde».

¿Por qué hacemos estas declaraciones y luego no las cumplimos? ¿Podría ser que hayamos intentado cambiar lo que hacemos y no hayamos cambiado lo que pensamos de nosotros mismos?

Si es así, esa es una fórmula para el fracaso. No podemos anteponer el «hacer» al «quién», pero lo hacemos.[1] Lo hacemos todo el tiempo. Decidimos cambiar lo que hacemos.

El problema es que intentar cambiar nuestro «hacer» es una modificación del comportamiento. Y la modificación del comportamiento nunca funciona.

¿Por qué?

Porque los comportamientos nunca existen en el vacío. Hay una razón por la que haces lo que haces. Atacar el comportamiento tiene sentido porque es lo que ves y te resulta muy frustrante. No obstante, si te diriges al comportamiento, estás yendo detrás de la cosa equivocada.

Si intentas cambiar tu comportamiento sin cambiar tu identidad, estás arrancando una mala hierba sin llegar a la raíz.

> **Si intentas cambiar tu comportamiento sin cambiar tu identidad, estás arrancando una mala hierba sin llegar a la raíz.**

Todos hemos hecho eso, ¿verdad? Vemos alguna hierba enorme y molesta que se eleva sobre nuestro césped, nos acercamos y la arrancamos con la furia de un villano de Marvel. Se siente muy bien deshacerse del puñado de vegetación desagradable. Excepto que no nos deshacemos de ella. No a menos que cavemos y saquemos toda la raíz del suelo.

Para asegurarte de que una mala hierba no vuelva a aparecer, tienes que cavar y arrancar lo que no se ve en la superficie.

Es como lidiar con una enfermedad: no se puede tratar el síntoma e ignorar el verdadero problema que causa el síntoma.

De forma similar, alguien que promete no volver a ver pornografía puede evitar mirarla durante unos días. Sin embargo, ¿volverá a caer en la pornografía? Sí. ¿Por qué? Porque se ocupó del síntoma e ignoró el verdadero problema que lo hacía mirar pornografía.

O digamos que decides que vas a levantarte temprano y orar cada mañana. Lo haces durante un par de semanas y luego no vuelves a hacerlo. ¿Qué sucedió? ¿Dejaste de querer orar diariamente? No. ¿Decidiste terminar tu compromiso? No. Entonces, ¿por qué no continuaste viviendo el cambio que querías? Porque no alcanzaste lo más profundo y no arrancaste la raíz. Agarraste lo que podías ver, pero no el verdadero problema bajo la superficie. No abordaste la razón por la que no orabas más.

La motivación y la fuerza de voluntad son recursos limitados que se agotan rápidamente. La modificación de la conducta no te dota del poder para cambiar.

¿Empiezas a verlo ahora? La razón por la que no has experimentado un cambio duradero es porque has intentado modificar lo que haces y no has cambiado lo que piensas de ti.

James Clear, un gurú del cambio y autor de *Hábitos atómicos*, dice: «Es difícil cambiar tus hábitos si nunca cambias la creencia subyacente que te llevó a tu comportamiento anterior. Tienes un nuevo objetivo y un nuevo plan, pero no has cambiado quién eres».[2]

Los científicos que utilizan la teoría cibernética afirman que hay dos maneras en las que podemos intentar cambiar.[3] Primero, está lo que llaman cambio de primer orden, que es la modificación del comportamiento. Nos comprometemos a iniciar o detener una acción específica. El cambio de primer orden puede tener algunos resultados instantáneos, pero el cambio nunca será duradero.

El segundo enfoque, según la teoría cibernética, es el cambio de segundo orden, que es conceptual. No se trata de actuar de forma diferente, sino de pensar de forma diferente, especialmente sobre uno mismo. Un investigador cibernético te dirá que el cambio de segundo orden es el único que perdura.

Romanos 12:1-2 es uno de los pasajes más populares de las cartas de Pablo, porque la referencia al «sacrificio vivo» recibe mucha atención. Sin embargo, en el versículo 2, el apóstol comparte la clave de la transformación: un cambio real, duradero y eterno. «No imiten las conductas ni las costumbres de este mundo, más bien dejen que Dios los transforme en personas nuevas al cambiarles la manera de pensar» (NTV). Pablo dice que experimentarás la transformación no cambiando lo que haces, sino cambiando tu forma de pensar. *¡Boom!*

> **Para cambiar lo que haces, primero tienes que cambiar lo que piensas de ti.**

¿Por qué los investigadores de la teoría cibernética están de acuerdo con el apóstol Pablo? Porque haces lo que haces debido a lo que piensas de ti.

Así que para cambiar lo que haces, primero tienes que cambiar lo que piensas de ti.

Ejercicio 3

Tomando tus comportamientos clasificados como «comienzos» y «renuncias» del ejercicio 1, vuelve a enumerarlos aquí y luego escribe las formas fallidas en que has intentado modificar tu comportamiento.

Cuando hayas terminado, dale un vistazo a tu lista para considerar de qué manera tus esfuerzos fueron como arrancar la hierba sin llegar a la raíz. ¿Intentaste tratar el síntoma mientras ignorabas el verdadero problema? ¿Te centraste en el *hacer* sin abordar tu pensamiento?

Comportamientos: *Intentos de modificación:*

Pensamientos:

Principio 3

**Para cambiar lo que haces, primero tienes
que cambiar lo que piensas de ti.**

«Más bien dejen que Dios los transforme
en personas nuevas al cambiarles la manera de
pensar».

—Romanos 12:2, NTV

1.3 El verdadero tú

Mi esposa, Amy, contó que mientras crecía, sus amigos e incluso algunos maestros le dijeron que siempre sería una estudiante promedio. Ella se graduó en el instituto con notas bajas y siguió por ese camino durante sus dos primeros años de universidad. Fue entonces cuando la conocí.

Para mí resultaba obvio que era extremadamente brillante. Se lo dije. No trataba de ser astuto, como al decir: «Te quiero porque eres linda, así que te diré que eres inteligente». No, ella era realmente inteligente. Sin embargo, insistía en que no lo era. Yo seguía demostrándole que la consideraba increíblemente lista. Finalmente, mis palabras empezaron a calar.

¿Quieres adivinar el promedio de Amy en sus dos últimos años de universidad? 4.0. Sí. Cuando cambió lo que pensaba de sí misma, cambió por completo su forma de enfocarse en sus estudios, y sus altas calificaciones fueron el resultado. Una diferente y mejor *quién* la llevó a un diferente y mejor *hacer*. Hoy en día, ella es una respetada líder y pensadora espiritual, autora publicada, la fundadora de una organización sin fines de lucro para mujeres en recuperación, y mentora de líderes de la educación en casa en todo el país.

Mientras Amy crecía, sus padres y su hermano le decían repetidamente: «Siempre estás de mal humor por la mañana. Simplemente no eres una persona matutina». Ella lo creía. Lo vivía. Hasta que un día se dio cuenta de que no le gustaba empezar el día de mal humor. Se cuestionó por qué vivía de esa forma. Comprendió que creía que era así porque su familia le decía que ella era de esa manera. Amy decidió: *Espera, no tengo que creer esto. ¿Quién dice que mi familia tiene razón?* Comenzó a orar: *Dios, quiero ser una persona madrugadora. Haz que sea una persona matutina. Creo que soy una persona matutina.* Desde que cambió de opinión, Amy se despierta de buen humor y se siente con energía, lista para enfrentar su día.

¿Amy se volvió inteligente cuando me conoció? ¿Se convirtió en una persona madrugadora de un día para otro? No. Siempre fue inteligente y siempre tuvo el potencial de ser una persona madrugadora. Su comportamiento cambió cuando finalmente comprendió y creyó estas verdades sobre sí misma.

Su *quién* cambió su *hacer*.

Quién crees que eres impulsa tu comportamiento. Dado que esto es cierto, resulta de vital importancia que sepas quién eres. Parece bastante fácil, ¿verdad? Después de todo, nunca has tenido problemas cuando te piden que pongas tu nombre en una etiqueta. «Hola, soy _____». Tomas el bolígrafo y empiezas a escribir con confianza.

Sin embargo, me pregunto si realmente conoces a tu verdadero yo.

> **Quién crees que eres impulsa tu comportamiento.**

Tendemos a definirnos por lo que creemos que las personas influyentes en nuestra vida piensan de nosotros. Los psicólogos lo llaman «el yo del espejo».[1] Nos vemos a través de los ojos de los demás. Dejamos que esas personas nos definan, pero eso no es lo que somos.

No eres lo que tus padres, tu entrenador, tu profesor, tus abuelos o el bravucón de la escuela dijeron que eras o te hicieron sentir.

También podemos definirnos por nuestros peores pecados o hábitos. Así que podrías pensar: *Soy gordo, soy demasiado flaco, soy un adicto, soy perezoso* o *soy un perdedor.* No. Eso no es lo que eres, pero todos estamos tentados a definirnos por lo peor que hay en nosotros.

¿Por qué?

Una de las razones es que tenemos un enemigo espiritual. Satanás es real, y está tratando de eliminarnos. «Su adversario, el diablo, anda al acecho como león rugiente, buscando a quien devorar» (1 Pedro 5:8). El arma que utiliza contra ti es el engaño. «Cuando habla mentira, habla de su propia naturaleza, porque es mentiroso y el padre de la mentira» (Juan 8:44). Su principal objetivo es tu identidad. Él sabe lo esencial que resulta la percepción que tengas de ti mismo, así que te miente sobre quién eres.

Es por eso que:

- Después de gritarles a tus hijos, piensas: *Soy un mal padre.*
- Cuando no consigues hacer el trabajo, piensas: *Soy patético. Nunca tengo un descanso.*
- Cuando te das cuenta de que no has leído la Biblia ni has vuelto a orar esta semana, piensas: *Soy un mal cristiano.*

Tu enemigo espiritual te mentirá repetidamente sobre quién eres. Él dice:

- Eres un fracaso espiritual.
- Nunca llegarás a nada.
- Eres patético.
- No vales nada.
- Nunca cambiarás.
- No tienes lo que se requiere.
- Nunca podrás estar sano.
- Nunca podrás ser puro.
- Nunca podrás tener un buen matrimonio.
- Nunca podrás ser libre financieramente.

Sin embargo, no eres quien Satanás dice que eres. En realidad, Apocalipsis 12:10 lo llama «el acusador de nuestros hermanos». Mira la lista que acabas de leer y luego piensa en lo que él te dice. Has escuchado algunas de estas falsas acusaciones y otras.

Entonces, ¿quién eres tú?

Eres quien Dios dice que eres. Él ofrece afirmaciones, no acusaciones. Dios te conocía antes de que fueras tú. Él te hizo. Dios conoce lo peor y lo mejor de ti. Aquel que conoce lo peor de ti te ama más. Dios define tu verdadero yo. Por lo tanto, ¿quién dice Dios que eres? Tú eres:

> **No eres quien Satanás dice que eres. Eres quien Dios dice que eres.**

- Buscado (Isaías 62:12)
- Precioso a sus ojos (Isaías 43:4)
- Una nueva creación en Cristo (2 Corintios 5:17)
- No condenado (Romanos 8:1)
- Perdonado (Colosenses 1:14)
- Amado (1 Juan 3:1)
- Aceptado (Romanos 15:7)
- Un hijo de Dios (Juan 1:12)
- Amigo de Jesús (Juan 15:14)
- Libre (Juan 8:36)
- El templo de Dios (1 Corintios 6:19)
- El tesoro de Dios (Deuteronomio 7:6)
- Completo en Cristo (Colosenses 2:10, NTV)
- Elegido (Colosenses 3:12)
- Llamado (2 Timoteo 1:9)
- Un embajador del Dios Altísimo (2 Corintios 5:20)
- La obra maestra de Dios (Efesios 2:10, NTV)
- Capaz de hacer todas las cosas por medio de Cristo que te da fuerza (Filipenses 4:13)

- Más que un vencedor por medio de Jesús, que te ama
  (Romanos 8:37)

Eso es lo que eres. Dios lo dijo. Puedes tener miedo de haberlo estropeado todo, pero la profundidad de tu pecado no es mayor que el poder de Dios para perdonar. Tus malas decisiones no son mayores que el poder de Dios para redimir y restaurar. Cuando le entregaste tu vida a Jesús y te convertiste en un hijo de Dios, no solo te convertiste en una mejor versión de ti mismo, te convertiste en algo *nuevo*.

«Esto significa que todo el que pertenece a Cristo se ha convertido en una persona nueva. La vida antigua ha pasado; ¡una nueva vida ha comenzado!» (2 Corintios 5:17, NTV).

El cambio verdadero y duradero no proviene de una modificación del comportamiento impulsada por uno mismo. Tú cambias por medio de la transformación espiritual impulsada por Dios, la cual ocurre cuando abrazas la verdadera identidad que Dios te ha dado. Las afirmaciones de la lista que acabas de leer deben pasar de ser palabras escritas en una página a ser verdades grabadas en tu corazón.

Experimentar el verdadero cambio consiste no solo en comprender tu identidad, sino también en creer que esa es tu identidad. Si has creído una mentira acerca de ti mismo durante mucho tiempo, abrazar la verdad de Dios sobre ti no será fácil. Cuando descubras lo que es cierto en cuanto a tu persona, te animo a que ores con respecto a ello y lo repitas. Pídele a Dios cada día que te ayude a creer la verdad sobre ti. Y sigue repitiéndote esas verdades. Si te has dicho mentiras durante mucho tiempo, ¿no es hora de empezar a escuchar la verdad reiteradamente?

La lista de versículos bíblicos sobre la identidad también se encuentra en el apéndice a fin de facilitar el acceso a ellos. Utilízala para recordarte quién eres y quién declara Dios que eres. Lee esas verdades en voz alta cada vez que necesites escucharlas. Cuando las aceptes en tu corazón, descubrirás que tu antigua vida ha desaparecido y un nuevo futuro ha comenzado.

Ejercicio 4

En este ejercicio, vamos a identificar algunas de las voces que te han acusado y han dicho cosas sobre ti que no son ciertas.

¿Alguien de tu familia o alguna otra persona cercana te ha dicho constantemente algo que has llegado a creer sobre ti mismo, aunque no esté basado en la verdad? Enumera esas mentiras.

A continuación, enumera las acusaciones que repites constantemente con respecto a ti mismo y no están en tu lista de mentiras, conozcas o no su origen.

¿Cuáles de las declaraciones de identidad y los versículos bíblicos enumerados en este capítulo te llamaron la atención? Escribe por qué crees que esa afirmación y ese versículo (o versículos) te hablan.

Principio 4

Eres quien Dios dice que eres.

Miren cuán gran amor nos ha otorgado
el Padre: que seamos llamados hijos de Dios.
Y eso somos.

—1 Juan 3:1

1.4 El futuro tú

Para un tipo cuyo famoso eslogan resulta simple: «Bien, bien, bien», Matthew McConaughey dejó escapar algo de verdad cuando aceptó el Premio de la Academia 2013 al actor principal.

McConaughey contó que cuando tenía quince años, alguien le preguntó quién era su héroe. Él respondió: «Soy yo dentro de diez años». Cuando McConaughey cumplió veinticinco años, la misma persona le preguntó si ya era un héroe. McConaughey respondió: «¡Ni siquiera me acerco! No, no, no... Porque mi héroe soy yo a los *treinta y cinco*». El actor le explicó al público de la premiación de la Academia que su héroe siempre es él mismo dentro de diez años, lo que le da algo hacia lo cual avanzar.[1]

Creo que el señor Bien, Bien, Bien tiene algo de razón.

Hal Hershfield, un psicólogo de la UCLA, nos dice que tener un «yo futuro» —una mejor versión de nosotros mismos en la cual planeamos convertirnos— cambiará nuestra forma de vivir hoy. Sus investigaciones demuestran que verte como una persona diferente y futura te capacita para tomar decisiones en beneficio de tu «yo futuro».[2] Es posible que hoy quieras volver a la sala de descanso por un segundo pedazo de torta de cumpleaños —bueno, quizá un tercero—, pero saber que eso no es lo mejor para el futuro tú te ayudará a decidir quedarte en tu escritorio y merendar la bolsa de zanahorias que trajiste de casa.

Otras investigaciones demuestran que tener en mente el futuro tú te ayuda a llevar a cabo una «práctica deliberada». La práctica deliberada es el aprendizaje y el crecimiento estratégicos diseñados para avanzar hacia un objetivo específico. Tener un objetivo para el futuro tú te obliga a diseñar tu vida y tomar decisiones acertadas con el fin de llegar a él. Sin un objetivo, la práctica deliberada es casi imposible de llevar a cabo de forma consistente. El futuro tú resulta crucial para un cambio duradero.[3]

He aquí una analogía: digamos que te invito a probar el tiro con arco. Salimos al campo, sacas tu primera flecha y la colocas en tu arco, y entonces preguntas: «Craig, ¿dónde está el blanco?». Y yo respondo: «¿El blanco? No necesitamos ningún blanco inútil. Eso no es divertido. Solo dispara lo más lejos que puedas en el campo. Cuando terminemos, saldremos a buscar nuestras flechas y lo haremos de nuevo». ¿Cuántas flechas dispararías? Eso le quita la diversión al tiro con arco, ¿verdad? Aunque parezca ridículo, con demasiada frecuencia adoptamos este enfoque para nuestras metas.

En la lista de afirmaciones y versículos bíblicos del último capítulo, vimos la verdad liberadora de quién dice Dios que eres hoy. Ahora te toca soñar con la respuesta a esta inspiradora pregunta: ¿en quién quieres convertirte?

Para animarte: *puedes* llegar a ser quien quieres ser.

¿En quién quieres convertirte?

Muchas personas creen que no pueden cambiar o no cambiarán; quienes son hoy es lo que siempre serán. Una vez más, eso no es cierto.

Según Daniel Gilbert, psicólogo de Harvard, la mayoría de las personas reconocen que han cambiado en los últimos diez años, pero se niegan a creer que pueden cambiar en los próximos diez. Gilbert le llama a esta falsa creencia la «ilusión del fin de la historia».[4] Sin embargo, la verdad basada en los datos es la siguiente: tú *cambiarás* y *podrás* convertirte en quien quieras ser.

En su libro *Mindset, la actitud del éxito*, Carol Dweck, psicóloga de Stanford, escribe sobre las personas que tienen una «mentalidad fija». Se trata de aquellos que creen falsamente que lo que son hoy es lo que serán siempre. Dweck explica que los traumas no resueltos son una de las razones por las que las personas quedan atrapadas en una mentalidad fija.[5] Una experiencia negativa puede llegar a formar la identidad.

Un hijo cuyo padre le dice por haber perdido un examen importante: «No vales nada», puede decidir: *no valgo nada* o *soy un fracasado*. Dweck afirma que el camino de salida es darle un significado beneficioso al trauma. *Eso ocurrió, pero no es lo que soy. En realidad veo el beneficio de lo que sucedió. Me enseñó algo importante y me hizo más fuerte.*

Dweck también escribe sobre los que tienen una «mentalidad de crecimiento», los cuales se deleitan en el poder del todavía. Las personas con una mentalidad de crecimiento no se fijan en el ahora, porque se ven a sí mismas como si estuvieran siempre en un estado de desarrollo. Confían en que van a llegar a ser algo mejor, así que si fracasan o se encuentran en una circunstancia desfavorable, lo ven como un peldaño para lo que viene después.

Si consideras que tienes más una mentalidad fija que una mentalidad de crecimiento, apreciarás esto: Dweck ha descubierto, a través de años de investigación, que las personas con mentalidad fija pueden aprender a tener una mentalidad de crecimiento.

Cambiarás y *podrás* convertirte en quien quieras ser.

Y no son solo los psicólogos los que dicen esto; Dios lo dice también.

- «Y estoy seguro de que Dios, quien comenzó la buena obra en ustedes, la continuará hasta que quede completamente terminada el día que Cristo Jesús vuelva» (Filipenses 1:6, NTV).
- «En su bondad, Dios los llamó a ustedes a que participen de su gloria eterna por medio de Cristo Jesús. Entonces, después de que hayan sufrido un poco de tiempo, él los restaurará, los sostendrá, los fortalecerá y los afirmará sobre un fundamento sólido» (1 Pedro 5:10).

¿Adivina qué? Estoy escribiendo esto en un día de semana, así que mi trabajo como pastor es analizar los verbos griegos. *Te lo dije.*

El verbo traducido «continuará» en el versículo de Filipenses es επιτελεσει. Los verbos traducidos «los restaurará» y «los fortalecerá y los afirmará» en el versículo de 1 Pedro son στηριξει y θεμελιωσει.

Sé que puedes estar pensando: *¿A quién le importa? ¡Todo es griego para mí!* Pero esto es lo bueno: los tres verbos están escritos en voz activa, lo que significa que el sujeto, Dios, está realizando la acción. Los tres están escritos en tiempo futuro, lo que significa que la acción ocurrirá mañana y pasado mañana y después de pasado mañana. Y los tres están escritos en modo indicativo, lo que significa que la acción no es algo que se espera o se desea, sino algo que ocurrirá con seguridad.

La buena obra de transformación que Dios comenzó en ti —su actividad de restaurarte, sostenerte, fortalecerte y afirmarte— es algo que Dios está haciendo y seguirá haciendo hasta que su obra en tu vida esté finalmente terminada.

Cambiarás, y *podrás* llegar a ser quien quieras ser.

Entonces, ¿en quién quieres convertirte?

> **Cambiarás, y podrás llegar a ser quien quieras ser.**

Yo quiero convertirme en alguien que sea fiel. Pero siempre tengo la tentación de querer convertirme en alguien que los demás consideren importante. Lucho con el hecho de querer que los demás me consideren importante por ser exitoso, o un buen autor, o el pastor de una iglesia próspera o un popular presentador de pódcasts.

Dios no me llamó para ser importante. Cuando llegue al cielo, Dios no me dirá: «Bien hecho, mi buen e importante siervo». No, no me llamó para ser importante. Me llamó para ser fiel.

Lo interesante es que cuando apunto al objetivo de ser fiel, termino haciendo lo que es verdaderamente importante. Ser fiel a mi esposa es importante. Buscar a Dios es importante. Manejar el dinero fielmente, amar a mis hijos y ser un buen amigo son cosas importantes.

Quiero ser fiel. Por eso soy quien se dedica a coleccionar bolígrafos. *Espera... ¿qué?* Antes no me importaban los bolígrafos y no entendía por qué alguien pagaba mucho por uno caro. Entonces, en 2006, recibí un bolígrafo por correo. Incluía una nota escrita a mano de un pastor que no conocía, en la que me agradecía y celebraba mi «año de fidelidad» a Jesús y a mi esposa, mis hijos y mi iglesia. Resulta que este líder espiritual enviaba bolígrafos anualmente a una larga lista de pastores a los que quería honrar y recordarles su fidelidad.

En 2006, de alguna manera, entré a su lista y recibí mi primer bolígrafo. Finalmente conocí a la persona que enviaba los bolígrafos en el año 2012. Cuando le pregunté quién más estaba en su lista de bolígrafos, su expresión se tornó triste al decir: «Lamentablemente, la lista de personas a las que se los envío ya es más pequeña que antes».

Compartimos una mirada cómplice, pensando en las trágicas historias de líderes espirituales que se «quemaron» o tomaron decisiones pecaminosas y ya no cumplían los estándares para recibir un bolígrafo. Por eso, recibir un bolígrafo representa lo que quiero llegar a ser. No se trata del bolígrafo, sino de la posición en la que Dios me ha colocado. Quiero ser alguien que sea fiel a Jesús, mi familia y mi iglesia, hasta el final.

Ese soy yo. ¿En quién quieres convertirte *tú*?

¿En un verdadero hombre de Dios?
¿En un mejor esposo y padre?
¿En una mujer piadosa?
¿En una mejor esposa y madre?
¿En un testigo audaz de Jesús?

¿En una persona sobria que vive libre de los hábitos autodestructivos?

¿En un donador radicalmente generoso?

¿En una persona saludable?

Sin importar quién quieras ser, *puedes* convertirte en esa persona. Y sabiendo que estás llamado a más, quién realmente eres, y quién quieres llegar a ser, es como empiezas cualquier intento exitoso de cambio.

¿Estás preparado para que eso ocurra por fin?

¡De acuerdo, bien, bien, bien!

Ejercicio 5

Dedica unos minutos a escribir sobre el futuro tú, el héroe que serás dentro de diez años. Crea un objetivo para ti. Haz una práctica deliberada. Dite a ti mismo y coméntale a Dios en quién quieres convertirte. Cuando hayas terminado, ora y encomiéndale esta nueva visión a él y pídele ayuda.

Principio 5

Cambiarás y podrás llegar a ser quien quieras ser.

Pues todo lo puedo hacer por medio de Cristo,
quien me da las fuerzas.

—Filipenses 4:13, NTV

1.5 Llamado al quién (antes que al hacer)

¿Alguna vez te has sentido llamado a más?

Vivimos en una cultura de más: más promociones, dinero, metros cuadrados, ropa, vacaciones, seguidores. Sin embargo, ¿has notado que incluso cuando obtienes más, solo quieres más?

¿Por qué?

Porque ese tipo de más proviene de nuestro pecado. Mientras que una de las muchas desventajas de nuestra naturaleza caída es que nunca estamos satisfechos por mucho tiempo con lo que tenemos, Dios nos hizo para un tipo de más mucho más significativo.

> **Si alguna vez te has sentido llamado a más, es porque estás llamado a más.**

Si alguna vez te has sentido llamado a más, es porque *estás* llamado a más. Pero al tipo correcto de más. Dios te creó de forma única, te dio dones, te apartó y te llamó: «Por lo tanto, yo, prisionero por servir al Señor, les suplico que lleven una vida digna del llamado que han recibido de Dios, porque en verdad han sido llamados» (Efesios 4:1, NTV).

Cuando la mayoría de los cristianos escuchan que han sido llamados, tienden a pensar en el hacer, no en el quién. Se preguntan a qué tarea, ministerio o trabajo puede estar llamándolos Dios. O si Dios tiene un lugar específico para ellos. Algunos se preocupan de no haber recibido su llamado.

El llamado es una forma de descubrir nuestro hacer. Sin embargo, en la Biblia aprendemos que, al igual que sucede con nuestros intentos de cambiar, un llamado se centra en el quién antes que en el hacer.

En Génesis 12:1, Dios le dice a Abraham: «Vete de tu tierra, de entre tus parientes y de la casa de tu padre, a la tierra que Yo te mostraré». El versículo 4 señala: «Entonces Abram se fue tal como el Señor le había dicho». ¡Todavía no había un hacer, solo un quién!

En el versículo de Efesios 4, ¿a qué dice Pablo que has sido llamado? A una vida. «Han sido llamados», así que deben llevar «una vida digna de su llamado». Y lee bien 2 Timoteo 1:9: «Pues Dios nos salvó y nos llamó para vivir una vida santa» (NTV).

No solo estás llamado a una vida, sino a una vida santa.

Sí, también has sido llamado a un ministerio, a un hacer, pero eso es secundario. El quién viene antes que el hacer. Dios te ha llamado a una vida santa, a serle fiel, a darte cuenta de que nada más se compara con «el valor supremo de conocer a Cristo Jesús» (Filipenses 3:8), y por tanto a vivir ante todo para Jesús.

«Y todo lo que hagan, de palabra o de hecho, háganlo todo en el nombre del Señor Jesús, dando gracias por medio de Él a Dios el Padre» (Colosenses 3:17).

Lo que Dios quiere que hagamos y a dónde quiere que vayamos es secundario. Cualquier cosa que Dios te mande a hacer, la haces por Jesús. Dondequiera que Dios te ponga, sirves a Jesús. *Ese* es tu llamado.

Tu llamado tiene que ver más con en quién te estás convirtiendo que con lo que estás haciendo. Permíteme repetirlo: tu llamado tiene que ver más con la persona en la que te estás convirtiendo que con lo que estás haciendo. Estás llamado no solo a servir a Jesús, sino también a parecerte cada vez más a Él. El más se descubre en el llegar a ser.

Otra forma de decir esto es que estás llamado primero a la salvación, luego a la santificación y después a servir. La santificación y el servicio se desarrollarán paralelamente hasta el cielo. Los dos van de la mano.

He aquí cómo se ve esto en mi caso: en la universidad, yo era un absoluto desastre y estaba tan lejos de Dios como puedas imaginar. Entonces mi fraternidad se metió en un montón de problemas. Más que nada como un acto de relaciones públicas al principio, decidí comenzar un estudio bíblico.

Empecé a leer la Biblia, específicamente los Evangelios. A medida que leía, me sentía atraído por Jesús, así que seguí leyendo. Finalmente, al llegar a las cartas de Pablo, me topé con un versículo en Efesios que dice que uno se salva por la gracia, no por las obras. Eso me habló, porque sabía que nunca podría ser lo suficientemente bueno para Dios. Sentí que me invitaba a depositar mi fe en Jesús, y así lo hice. Dios me llamó a la salvación. Respondí.

Ahora era cristiano, pero no tenía ni idea de lo que eso significaba realmente. Una historia real: yo tenía un hermano en mi fraternidad que, por su propia cuenta, también se hizo cristiano. Decidimos celebrarlo saliendo y emborrachándonos. Todavía no sabíamos nada mejor.

Yo era cristiano, pero no me parecía en nada a Cristo. Poco a poco fui conociendo más a Jesús y lo que significaba para mí vivir como Él. Con la ayuda de Dios, empecé no solo a identificar el pecado, sino también a decirle que no.

A medida que crecía en madurez, daba varios pasos hacia adelante y luego un par hacia atrás. Ese proceso continuo, que sigue ocurriendo hoy, de dejar que la Palabra de Dios, empoderada por el Espíritu de Dios, me conformara a la imagen de Cristo era el llamado de Dios a la santificación. Yo estaba respondiendo.

Al poco tiempo, me di cuenta de que también estaba llamado a servir. De hecho, después de experimentar la salvación y comenzar a ser transformado a través del proceso de santificación de Dios, me sentí obligado a servir. Sentí que Él me llamaba a ser pastor. No tenía sentido para mí ni para nadie más —resultaba tan confuso como que John Wick se convirtiera en monje o que un perro mestizo se convirtiera en un *poodle*— pero su llamado era innegable. Sabía que tenía que responder.

Tu llamado a servir será diferente al mío. Es posible que seas voluntario con adolescentes, que empieces un ministerio, que cantes en un grupo de alabanza, que edites videos o enseñes a niños, pero el proceso será el mismo. Dios te llamará a la salvación, luego a la santificación y después al servicio. ¿Por qué? Porque el quién viene antes del hacer.

Servir es lo que Dios te ha dado para hacer y a través de qué ministerio debes hacerlo. Sin embargo, antes del hacer viene el quién de la salvación. Primero ponemos nuestra fe en el quién correcto, en Jesús, ya que «en ningún otro hay salvación, porque no hay otro nombre bajo el cielo dado a los hombres, en el cual podamos ser salvos» (Hechos 4:12).

Después de poner tu fe en el quién correcto para la salvación, tu siguiente prioridad es convertirte en el quién correcto a través de la santificación. La santificación es el proceso de Dios para liberarnos del pecado y hacernos santos a fin de que podamos «ser hechos conforme a la imagen de Su Hijo» (Romanos 8:29), quien es nuestro «ejemplo», y debemos «seguir sus pasos» (1 Pedro 2:21, NTV).

Prioriza poner tu fe en Jesús y asociarte con Dios en su obra santificadora de hacerte más semejante a Jesús. Luego puedes entrar en los detalles de lo que debes hacer.

Entender nuestro quién ilumina nuestro hacer. Cuando tengas claridad sobre la forma única en que Dios te hizo, entenderás lo que Dios tiene para ti.

Sabiendo esto, ¿cuál podría ser tu hacer? ¿Hay un llamado específico que sientes que Dios ha puesto en tu vida?

Tal vez te sientas guiado a servir en tu iglesia o comunidad de alguna manera que fluya a partir de tus dones únicos. O a iniciar un ministerio o una organización sin fines de lucro. O quizás has sentido una inclinación por las misiones en el centro de la ciudad o el extranjero.

Es posible que percibas un llamado no a una misión o ministerio, sino a mejorar tu matrimonio o tus finanzas, a enfocarte en la relación de tu hijo con Jesús, o a establecer el hábito de orar y leer la Biblia todos los días.

Ese llamado o meta puede parecer pequeño —especialmente comparado con el de alguien que está a punto de cruzar el mundo para convertirse en misionero— pero no es pequeño. Tu hacer no es pequeño si está conectado con tu quién.

Pensemos en los dos «quiénes» —el de Jesús y el tuyo— y en cómo dan significado a tus «haceres».

Si tu primer «quién» es Jesús —cualquier cosa que hagas, la estás haciendo por Jesús—, entonces tu hacer no es pequeño.

Pienso en el momento en que Santiago y Juan se acercaron a Jesús y le preguntaron si, cuando llegara al poder, ellos podrían tener los dos puestos de autoridad más importantes bajo su mando. *Jesús, eres muy tonto. Pero, bueno, nosotros también somos un poco tontos. Así que pensamos que deberíamos ser como, ya sabes, algo así como tus vicepresidentes.* Jesús utilizó su petición para llamar a

> **Tu hacer no es pequeño si está conectado con tu quién.**

los doce discípulos a una reunión. Les dijo: «Ustedes saben que los gobernantes de este mundo tratan a su pueblo con prepotencia y los funcionarios hacen alarde de su autoridad frente a los súbditos. Pero entre ustedes será diferente. El que quiera ser líder entre ustedes deberá ser sirviente, y el que quiera ser el primero entre ustedes deberá ser esclavo de los demás. Pues ni aun el Hijo del Hombre vino para que le sirvan, sino para servir a otros y para dar su vida en rescate por muchos» (Marcos 10:42-45, NTV).

Y luego añadió: si van a seguirme, tendrán que darle vuelta a sus ideas de lo que es grande y lo que es pequeño, de quién es importante y quién no, de lo que es primero y lo que es último. Si quieren los puestos de liderazgo más altos, tienen que elegir estar en la parte inferior. Lo pequeño es la nueva grandeza.

Hay un gran ejemplo de esto en el siguiente capítulo: Marcos 11. Jesús y los discípulos se acercaban a Jerusalén. Este era un gran momento. En esa semana, Jesús entraría a Jerusalén; tendría la última cena con sus discípulos; oraría y sería arrestado en el jardín; enfrentaría juicios; sería torturado, crucificado y enterrado; y luego resucitaría de entre los muertos. *¡Vaya!*

Todo esto comenzó con lo que ahora llamamos la «entrada triunfal», cuando Jesús llegó cabalgando a la ciudad y la gente extendió ramas de palma como una alfombra roja para celebrar su llegada. Los discípulos sintieron la importancia de ese momento. Eran los más cercanos a Jesús y habían dejado muchas cosas para seguirlo, así que también sentían que era su momento.

Entonces, cuando ya se hallaban casi en la ciudad, cuando todo estaba a punto de suceder, Jesús eligió a dos de ellos para una misión especial. *¿Queeé? ¿Una misión especial? ¡Sí!* Tuvieron que haber pensado que Jesús estaba revelando quiénes eran para Él los discípulos más importantes. Pero entonces les explicó la misión: «Vayan a la aldea enfrente de ustedes, y tan pronto como entren en ella, encontrarán un pollino atado en el cual nadie se ha montado todavía; desátenlo y tráiganlo. Si alguien les dice: "¿Por qué hacen eso?" digan: "El Señor lo necesita"; y enseguida lo devolverá acá» (Marcos 11:2-3).

Puedes imaginarte a los dos elegidos pensando: *E-e-e-espera un momento. Espera. ¿Tenemos... una tarea relacionada con un burro?* Hacía un momento habían tenido visiones de Jesús pidiéndoles que expulsaran demonios, o que invocaran el fuego del cielo, o que proclamaran audazmente la llegada de Jesús. Eso *no* eran tareas con un burro.

Marcos no nos dice a quiénes escogió Jesús, pero quiero creer que eligió a Santiago y a Juan. *¿Así que quieren los puestos más importantes de liderazgo? ¿Qué tal si se encargan del trabajo con el burro?*

Jesús les dio una tarea a dos de sus doce muchachos, y los dos probablemente se sintieron decepcionados. Sin embargo, los discípulos estaban a punto de aprender que el tamaño de la tarea nunca determina la importancia de su impacto. El tamaño de tu tarea —el hacer al que Dios te llama— puede ser mucho más importante de lo que parece o de lo que puedes imaginar.

Piensa en esos dos discípulos. No tenían ni idea de que la tarea del burro era acompañar a Jesús a lo que lo llevaría a su llamado. Que el burro llevaría a Jesús a su destino. Apuesto a que cuando los discípulos hablaron meses después sobre el impacto eterno de ese fin de semana, todos estaban celosos de que ellos dos hubieran podido servir a Jesús trayendo un burro para Él. Sí, en retrospectiva, el servicio con el burro se convirtió en una posición envidiada.

Sin importar lo que sea que Dios te llame a hacer, sé que si Jesús es tu primer quién, tu hacer no es pequeño.

Si tu hacer tiene que ver con lo que Dios quiere que seas, con lo que tú quieres ser, entonces tu hacer no es pequeño.

He aquí cómo funciona esto en una meta común: digamos que quieres perder quince libras. Por sí sola, esa no podría parecer una meta con mucho peso (juego de palabras). No obstante, si esa meta está impulsada por tu quién, es eternamente significativa. ¿Por qué quieres perder quince libras? «Por mi quién: soy el templo de Dios. Sé que puedo ser más fiel a mi quién si estoy en mejor forma física. Además, Dios me ha llamado a servir, así que quiero tener la mayor energía y fuerza posible para servir fielmente a Jesús y formar parte de su misión. Perder quince libras me ayudará a conseguir ese objetivo».

¡Vaya! ¿Sientes el peso de *eso*? Esa meta no tiene mucha relación con verse bien en un traje de baño este verano o que esos *jeans* favoritos te queden bien otra vez. Se trata de Dios, de Jesús, de en quién te estás convirtiendo, del impacto eterno que quieres tener con tu vida.

Si tu hacer tiene que ver con lo que Dios quiere que seas y con lo que tú quieres ser, entonces tu hacer no es pequeño.

¿Ves el poder de empezar con el quién? Esta comprensión te ayudará a cambiar en formas que no has podido cambiar. Así que vamos a ponernos muy prácticos y a aprender cómo empezar con el quién.

Ejercicio 6

SALVACIÓN:

Si eres un seguidor de Jesús, escribe brevemente tu testimonio: cómo llegaste a la salvación en Cristo (revisa mi historia si es necesario).

SANTIFICACIÓN:

Enumera los cambios más significativos que ha hecho Cristo en tu vida desde la salvación.

SERVICIO:

¿Cuál es tu hacer, tu llamado para servir?

¿Hay algún servicio que sientas que Dios te ha llamado a hacer, pero la oportunidad no se ha presentado todavía? Explica.

Principio 6

Si tu hacer tiene que ver con lo que Dios quiere que seas, con lo que tú quieres ser, entonces tu hacer no es pequeño.

El más insignificante entre ustedes es el más importante.

—Lucas 9:48, NTV

1.6 Empezar con el quién

Tengo la manía de ponerles apodos a las personas. No me gusta presumir, pero soy como la Oprah Winfrey de los apodos. «¡Tú tienes un apodo! ¡Tú tienes un apodo! ¡Todo el mundo tiene un apodo!».

Si trabajas conmigo el tiempo suficiente, te pondré un apodo. Con suerte, te gustará, pero si no, lo siento. Soy el jefe de los apodos, y el tuyo probablemente se mantendrá.

Esto no es solo con mis compañeros de trabajo. Le digo «Paco» al chico con el que hago ejercicio. (Él también me dice «Paco», lo que puede resultar un poco confuso).

Le digo «Osa» a Amy. (Ella a su vez me dice «Oso». También es potencialmente confuso, pero el amor hace que funcione).

Tengo apodos para todos mis hijos. (¡Tengo muchos hijos, así que son muchos apodos!) Sus certificados de nacimiento no lo dicen, pero para mí, mis hijos son Catie Cat, Mandino, Anna Banana, Sambo, Bookie y Jojo.

A Dios le gusta cambiar los nombres de las personas. (Cosa que nunca he hecho. Le pongo apodos a la gente que trabaja para mí, pero cambiar sus nombres reales me parece superior a mi categoría salarial).

Según Génesis 17, Dios le dijo a un tipo llamado Abram (parafraseando en la VCG, la versión contemporánea de Groeschel): «Hermano, sé que te conocen como Abram, pero a partir de ahora te llamarás Abraham».

Abram debió haber mirado al cielo bizco. «Ah, Dios, no soy quién para discutir contigo, pero Abraham significa "padre de muchos", y yo soy padre de... eh... nadie. Eso es lo peor de mi vida. No tengo hijos. Así que, bueno, la gente podría reírse si les digo que me llamen padre de muchos».

Dios le dijo: «Lo siento, eres Abraham. También voy a cambiar el nombre de tu esposa. No más Sarai. A partir de ahora ella es Sara».

«Pero, Dios», tartamudeó Abraham, «Sara significa "princesa, madre de naciones". Ella no es madre de nadie».

Siguiendo con su trayectoria, Dios ganó esa discusión. A partir de ese momento, Abram y Sarai fueron Abraham y Sara.

La pareja acabó teniendo un hijo, Isaac. Isaac y su esposa, Rebeca, tuvieron un hijo al que llamaron Jacob. El nombre Jacob significa «suplantador». Un suplantador es alguien que toma el lugar de otro. El nombre se refería al momento en que Jacob salió del vientre agarrando el pie de su hermano gemelo como si intentara retenerlo para que él pudiera nacer primero. Jacob terminó viviendo ese nombre al engañar a su padre para tomar el lugar y la bendición de su hermano mayor. Sin embargo, Génesis 32 dice que Dios le cambió el nombre a Jacob por «Israel», que significa «el que lucha con Dios».

Más adelante en la Biblia, en el libro de Jueces, nos encontramos con Gedeón sacudiendo trigo en un lagar. Eso es raro. En un lagar se prensan uvas. ¿Por qué estaba Gedeón trillando trigo allí? Porque se hallaba escondido. Tenía que hacer su trabajo, pero se sentía aterrorizado por el enemigo de su pueblo, los madianitas.

Así que Gedeón sacudió su trigo en un lugar donde nadie lo viera. Fue entonces cuando un ángel se presentó y le dijo: «El SEÑOR está contigo, valiente guerrero» (6:12). Gedeón debió pensar que el ángel estaba hablando con otra persona, pero no, él le estaba diciendo valiente guerrero a Gedeón.

También hubo una ocasión en la que Jesús se encontró con un joven pescador llamado Simón y le dijo: «Tú eres Simón, hijo de

Juan. Te llamarás Pedro» (Juan 1:42, VCG). Eso no es normal. Si conociera a un tipo por primera vez y me dijera: «Tú eres Craig, hijo de Tom. Te llamarás Barry», yo replicaría: «No. No puedes cambiar mi nombre, y nadie me va a llamar Barry». (No te ofendas si te llamas Barry. Trabaja conmigo, ¿de acuerdo?).

No obstante, Jesús le dijo a Simón que sus días de ser Simón habían terminado y que su futuro era para siempre como Pedro. Pedro significa «roca». Pedro no era una roca. Sin embargo, era enfático, con altibajos, se enardecía y se calmaba, iba de un lado a otro. Pero Jesús dijo: «Tú eres Pedro, una roca».

¿Por qué Dios cambió los nombres de esas personas? Porque sabía quiénes eran realmente, en quiénes se convertirían, y qué debían hacer.

- Abram y Sarai iban a tener hijos y a convertirse en el padre y la madre de la nación de Israel.
- Los hijos de Jacob se convertirían en las doce tribus originales de Israel.
- Gedeón se convertiría en el valiente guerrero que llevó al pueblo de Dios a la batalla contra los madianitas.
- Pedro se convertiría en un pilar, en una influencia estabilizadora para la iglesia primitiva.

Dios cambió sus nombres porque el cambio comienza con tu identidad. Haces lo que haces debido a lo que piensas de ti. Para que ellos hicieran lo que necesitaban hacer, primero tuvieron que pensar lo correcto sobre ellos mismos.

Para que tú hagas lo que necesitas hacer, para que cambies, primero tienes que pensar lo correcto con respecto a ti. Necesitas conocer tu verdadera identidad, entender tu verdadera identidad, y comenzar con tu identidad. Empieza por el quién, no por el hacer. ¿Por qué? Porque tu identidad impulsa tu comportamiento. Si no empiezas con tu identidad, cualquier cambio de comportamiento que hagas no durará.

> **Si no empiezas con tu identidad, cualquier cambio de comportamiento que hagas no durará.**

Ese es el concepto. Ahora, vamos a ser prácticos. Permíteme mostrarte cómo este enfoque puede afectar tus intentos de cambio en el futuro.

Por ejemplo, digamos que has pensado repetidamente: *Voy a dejar de chismorrear todo el tiempo.* Lo has intentado. No ha funcionado. ¿Por qué? Porque se trata de una modificación del comportamiento. Si haces algún progreso con este método, no es probable que perdure. Quieres empezar con tu identidad. Así que puedes decidir: *Como seguidor de Jesús, estoy llamado a amar y a hablar bien de los demás. Debido a quién soy en Cristo, edificaré a las personas en lugar de derribarlas.* ¿Ves cómo eso pone al quién antes del hacer?

Tú y tu cónyuge pueden tener como meta un mejor matrimonio. El primer problema con esto es que resulta difícil saber si alguna vez alcanzan su meta, porque ¿qué es exactamente un «mejor matrimonio»? Sin embargo, el problema más importante es que esta meta no comienza con sus identidades. ¿Cuál podría ser una meta para un mejor matrimonio? *Debido a que soy un esposo piadoso, voy a orar con mi esposa diariamente, y juntos vamos a ser parte de un grupo pequeño de parejas, lo que nos ayudará a tener un mejor matrimonio.*

Eso comienza con lo que tú eres y te da un hábito específico y estratégico para avanzar hacia el cambio que deseas. Esto es absolutamente necesario, y aprenderemos a elegir y a establecer esa estrategia más adelante en el libro.

Un ejemplo más: digamos que fumas y decides dejar de hacerlo. Estás en un descanso en tu trabajo y un compañero te pregunta: «¿Quieres un cigarro?». ¿Qué le dirías? «No, gracias, estoy intentando dejarlo». ¿Qué comunica eso? «Soy un fumador que está intentando hacer otra cosa». Ese cambio no durará. Se trata de una modificación del comportamiento y no se basa en la transformación de la identidad.

Entonces, ¿qué deberías decir? «No, gracias, no fumo». Eso podría llevarte a la victoria. ¿Por qué? Porque comienza con tu identidad. Lo has convertido en quién eres. Independientemente de tu comportamiento pasado, estás diciendo que no eres un fumador. Eres una nueva creación en Cristo. Un fumador nunca fue quien realmente fuiste, y definitivamente ya no es quien realmente eres. Así que le dices a tu compañero de trabajo: «No, gracias, no fumo», y te dices a ti mismo: *Porque mi cuerpo es el templo de Dios.*

Ese es un enfoque del *quién antes del hacer* con respecto al cambio, y con la ayuda de Dios funcionará, permitiéndote descubrir el cambio que has anhelado, pero que nunca has experimentado.

Entonces, ¿quién quieres ser?

Piénsalo. Sé concreto. Si tu héroe es el futuro tú, ¿qué cualidades debería tener? ¿En quién quieres convertirte? ¿Deseas no tener deudas? ¿Ser irracionalmente generoso? ¿Un cónyuge piadoso? ¿Un padre involucrado? ¿Ser saludable de una manera que honre a Dios? ¿Puro de mente y corazón? ¿Libre de adicciones? ¿Respetado? ¿Fiel? ¿Un servidor desinteresado?

Es hora de cambiar, de convertirte en la persona que Dios tenía en mente que fueras cuando te creó. Dios ya está haciendo eso en ti. Y continuará hasta que el trabajo esté terminado. Puedes asociarte con Él eligiendo el cambio que más necesitas hacer ahora. No obstante, para que ese cambio se produzca, tienes que empezar con el quién. No con el hacer.

Así es como se empieza. A continuación, vas a necesitar poder —el poder para cambiar—, un poder que no posees. Aunque no tienes el poder que necesitas, pronto aprenderemos que está disponible y resulta accesible.

---- **Ejercicio 7** ----

Completa esta frase abierta con aspectos reales de tu vida.
Si hoy perdiera [en blanco para rellenar], me sentiría totalmente
perdido y no sabría qué hacer.

> Ejemplos: un trabajo, dinero, estatus social, un talento o
> habilidad

Describe cómo cada aspecto de la vida que escribiste está
relacionado con lo que eres —tu identidad— y no solo con lo que
haces.

¿Cómo puedes convertir cada uno de los aspectos del hacer al
quién? ¿Cómo puedes renunciar a ese aspecto de tu vida hasta el
punto de que si Dios te lo quitara, seguirías estando bien?

> Ejemplo: Siento que mi carrera se ha convertido en lo que
> soy, no solo en lo que hago. Pero si me despidieran o ya no
> pudiera hacer ese trabajo, seguiría siendo un hijo de Dios,

seguiría teniendo mi vida, mi vocación y mi familia. Seguiría teniendo las cosas más importantes de mi vida.

Principio 7

Para cambiar, necesitas pensar lo correcto sobre ti, conocer tu verdadera identidad, y comenzar tu identidad con el quién, no con el qué.

Y estoy seguro de que Dios, quien comenzó la buena obra en ustedes, la continuará hasta que quede completamente terminada el día que Cristo Jesús vuelva.

—Filipenses 1:6, NTV

Segunda parte

Entrenar. No intentar.

2.1 La cuestión sobre las metas

Es hora de definir tu victoria. Al fin y al cabo, definir la victoria *es* la forma de empezar.

Entonces, ¿cómo se determina la victoria? ¿Cómo se concibe un objetivo? Aunque esto puede ocurrir de todo tipo de maneras, con frecuencia sucede cuando un punto de dolor sale a la superficie en tu vida. A modo de ejemplo, compartiré cómo surgió una de mis metas.

Tengo seis hijos. *Eso es media docena.* Todo un equipo de *hockey* titular. Tantos hijos como días de la Creación. La tribu Brady. Un *montón* de niños.

También tengo una iglesia que pastoreo. Un personal de cientos de individuos que dirijo. Libros que escribo. Un pódcast que produzco. Conferencias en las que hablo. Al igual que tú, mi agenda se mantiene bastante ocupada.

> Definir la victoria es la forma de empezar.

A lo largo de los años, mis hijos a veces me pedían que hiciera algo. Me disculpaba y decía que no. Me encantaba pasar tiempo con ellos, pero sentía que estaba demasiado ocupado. Algo en mi agenda parecía demasiado urgente. Mis hijos crecían y el tiempo que pasaba con ellos era más corto, pero aun así me sentía obligado a decir que no al tiempo que pasábamos juntos.

Un día estaba leyendo un libro de Chip y Dan Heath titulado *Momentos mágicos: Cómo crear experiencias que nos cambien la vida.* Sus palabras me golpearon como un puñetazo de Mike Tyson a la garganta. Estaba leyendo el libro por mi trabajo, intentando averiguar cómo podía crear momentos increíbles *en la iglesia*. Sin embargo, debería haber estado leyendo el libro por mi familia. Necesitaba crear momentos increíbles con mis hijos.

Comprendí que mi iglesia podía encontrar otro pastor. Otra persona puede hacer un pódcast de liderazgo. (Y hay muchos que lo hacen). Pero mis hijos nunca tendrán otro padre. Necesitaba mejorar en cuanto a priorizarlos.

Instantáneamente, definí una nueva victoria: crear momentos de un impacto extraordinario con mis hijos. No quería perderme más oportunidades con ellos, así que decidí:

1. Si ellos se acercaban, yo diría que sí y haría lo que ellos quisieran hacer durante el tiempo que quisieran hacerlo.
2. Iniciaría una conversación significativa con ellos diariamente. (No necesariamente con *todos* ellos cada día. ¡Son seis!).
3. Iniciaría una actividad semanal que les gustara.

Estaba emocionado.

Debí haberme sentido entusiasmado y *aprensivo*. No tenía ni idea de que decir que sí terminaría en que me pintaran las uñas o un grupo de chicas adolescentes me peinara. No podía predecir la cantidad de horas que pasaría aprendiendo bailes de TikTok o jugando al *pickleball*. También subimos a una cruz gigante. Encontramos el camino hacia el tejado y la pasarela de nuestra iglesia. No puedo contar cuántas carreras nocturnas de comida rápida y helados hicimos. Nada de eso se ajusta al ritmo de cómo prefiero llevar la vida. Me comprometí a hacer lo que ellos quisieran durante el tiempo que quisieran. No me di cuenta de que mi hijo Stephen querría jugar a la pelota desde ahora hasta la Pascua. ¡Del año 2029!

Definir y trabajar por mi nueva victoria no tomó forma de la manera que había imaginado. Me ha tomado mucho más tiempo del que esperaba. Sin embargo, he amado cada minuto. No tenía ni idea de que el tiempo de calidad con mis hijos daría lugar a conversaciones increíblemente buenas. Nunca me imaginé que mi hijo les diría a sus amigos: «Mi padre es mi mejor amigo». *¡Vaya!*

Empecé por definir mi victoria: crear momentos de un impacto extraordinario con mis hijos.

¿Has definido tu victoria? Este paso es vital para crear un cambio real. Definir tu victoria es la forma en que empiezas.

Pero te advierto: definir la victoria no es —repito, no es— la forma en que ganas. Ya llegaremos a eso. Definir la victoria no es cómo ganas, sino cómo empiezas. Creas una meta, y las metas son geniales.

¿Por qué? Porque las metas te dan dirección.

Las metas dan dirección

Nos distraemos muy fácilmente. Podemos vagar por caminos equivocados sin siquiera darnos cuenta. Como cuando no supe lo que me faltaba con mis hijos hasta que definí mi victoria.

Necesitamos dirección, porque sin ella estamos corriendo una carrera que no podemos ganar.

El libro 1 Corintios es una carta que Pablo les escribió a los cristianos de Corinto, una ciudad de Grecia. Él les dijo: «¿No se dan cuenta de que en una carrera todos corren, pero solo una persona se lleva el premio? ¡Así que corran para ganar!» (9:24, NTV).

Pablo dio el ejemplo de un atleta que «compite en los juegos» (v. 25). Él escribió esto alrededor del año 55 d. C. Los Juegos Olímpicos se celebraban en Olimpia, Grecia (de ahí su nombre) cada cuatro años desde 776 a. C. hasta 393 d. C. En Corinto también se celebraban los Juegos Ístmicos. Por ello, los corintios habrían entendido la metáfora atlética de Pablo. Él escribió cómo, en una carrera competitiva, solo un corredor obtiene el premio. Solo uno consigue el oro.

Los desafió, y nos desafió a nosotros: «¡Corran para ganar!».

Pablo continuó: «Así que yo corro y lucho, pero no sin una meta definida» (v. 26, RVC).

Pablo conocía la meta de su carrera. Al principio de la carta describió claramente el propósito de su vida: predicar el evangelio. Esa era la única meta que impulsaba a Pablo. También dijo: «Pero en ninguna manera estimo mi vida como valiosa para mí mismo, a fin de poder terminar mi carrera y el ministerio que recibí del Señor Jesús, para dar testimonio solemnemente del evangelio de la gracia de Dios» (Hechos 20:24).

Pablo se fijó un destino y sabía exactamente a dónde iba. Tenía una meta. Esa meta le dio dirección. Pablo definió su victoria.

No todo el mundo lo hace. Es fácil correr sin conocer la ubicación de la línea de meta.

Después de ganar una medalla de oro en los Juegos Olímpicos de 1984 en Los Ángeles, Mauro Prosperi decidió competir en el ultramaratón de 1994 en Marruecos, una carrera de una *semana* de duración. Mauro desapareció al cuarto día. Se encontró con una tormenta de arena, que lo hizo desviarse casi *trescientos kilómetros* de la ruta. No tenía ni idea de a dónde iba. Estaba completamente perdido, pero siguió corriendo... ¡durante nueve días![1]

Todo el mundo corre, pero algunos lo hacen sin rumbo. Para ellos, la vida parece una carrera cada día. Sienten la presión de tener que ganar. Así que se ponen en marcha. Corren, pero no saben realmente a dónde van. Sin una línea de meta en mente, es igual a «perseguir el viento», como describe el rey Salomón en Eclesiastés (2:11, NTV).

¿Eres así?

Dios nos dijo a través de Pablo: «¡Corran para ganar!». Pero si no conoces la ubicación de la línea de meta, ¿cómo puedes hacerlo?

He aquí lo que suele sucederles a las personas que no han definido una victoria: se conforman con la de otros.

Tus padres pueden decidir lo que quieren para tu vida. Sin tu propia meta, caerás en su plan como si no tuvieras otra opción.

Los jefes seguramente tienen un camino que quieren que siga tu vida. Ellos impondrán su voluntad a menos que te comprometas a correr tu propia carrera.

Lo más común es que las personas sin una victoria definida caigan en la corriente de la cultura. Viven como los demás. Al no tener una meta, es fácil querer un auto nuevo como el de tu vecino, un ascenso como el de tu compañero de trabajo y unas vacaciones como las de tu amigo. Estás viviendo *una* vida, pero no es realmente *tu* vida.

Eres sabio al decidir hacia dónde quieres que tu vida vaya. ¿Cuál es tu línea de meta? ¿Cuál es tu victoria? ¿Lo sabes?

Te animo a que establezcas líneas de meta para las áreas más importantes de tu vida.

Decide en oración cuál es tu victoria en tu:

- Relación con Dios
- Ministerio
- Matrimonio
- La crianza de tus hijos
- Relaciones con los demás
- Carrera profesional
- Finanzas
- Salud física

No puedes hacer lo que no defines. ¿Cómo puedes ganar si no tienes una línea de meta?

No dejes que esto te abrume. Si lo haces, no cambiarás. Si aún no lo has hecho, elige una sola victoria en la cual enfocarte a medida que avanzas en este libro, sin importar cuántas cosas te gustaría cambiar o lograr. Reduce tus metas a una que sientas que es crítica en este momento. Es posible que elijas algo que te parezca una primera ficha de dominó. *Si esto ocurriera, creo que le seguirían muchas cosas buenas.* Una vez que hayas avanzado en una victoria, puedes repetir el patrón en una victoria nueva.

Entonces, ¿cuál es tu línea de meta? ¿Cuál es tu victoria?

Con una claridad meridiana, ¿qué quieres hacer específicamente y cuándo?

No puedes hacer lo que no defines. Escribe tu meta y dísela a alguien. Si no la escribes, tienes un deseo, no una meta. Así que escríbela y cuéntasela a alguien.

La doctora Gail Matthews, profesora de psicología de la Universidad Dominicana, afirma que las personas que escriben sus metas tienen muchas más probabilidades de alcanzarlas. ¡Si escribes tu meta y se la cuentas a un amigo, tu probabilidad aumentará aún más![2]

Las metas ofrecen dirección. Sin dirección, estamos corriendo una carrera sin línea de llegada.

Las metas inspiran

Todos hemos visto las fotos del «antes y después» que promocionan una dieta en particular. Si estás debatiendo en cuanto a empezar un nuevo plan, esa foto del «después» te inspirará. *¡Sí! ¡Ese es el aspecto que quiero tener! Esa es mi meta. ¡Voy por ella!* Las metas motivan.

El apóstol Pablo tenía mucha inspiración. Cuando el cristianismo comenzó, él era un joven fariseo que odiaba al movimiento advenedizo de Jesús y todo lo que representaba. Pablo participó en el asesinato de cristianos y viajó de ciudad en ciudad persiguiéndolos.

En un viaje a Damasco en busca de más conversos, una luz resplandeció de repente a su alrededor. Él cayó a tierra y Jesús le habló en voz alta desde el cielo. Jesús le preguntó: «Saulo, Saulo, ¿por qué me persigues?» (Hechos 9:4). Jesús y Pablo tuvieron una conversación breve, pero que cambió su vida. ¡Entonces Pablo se levantó y estaba ciego!

¡Es una locura! ¿Conoces la letra de «Sublime gracia»?

> Gracia admirable, ¡dulce es!
> ¡Que a mí, pecador, salvó!
> Perdido estaba yo, mas vine a sus pies;
> Fui ciego, visión me dio.[3]

Para Pablo fue: «Una vez estuve perdido, pero ahora he sido hallado; podía ver, ¡pero ahora estoy ciego!». Al final él recuperó la vista, pero qué momento.

La vida de Pablo cambió eternamente por medio del amor incondicional de Dios. Dios lo trató con gracia a pesar de que Pablo había estado tratando de impedir que las personas se convirtieran en cristianos. No es de extrañar que Pablo terminara estableciendo como la meta de su vida compartir la gracia de Dios con la esperanza de que la gente se convirtiera en seguidores de Cristo. Esta es su explicación de lo que lo llevó a la victoria que determinó para su vida: «Ustedes saben cómo me comportaba cuando pertenecía a la religión judía y cómo perseguí con violencia a la iglesia de Dios. Hice todo lo posible por destruirla. Yo superaba ampliamente a mis compatriotas judíos en mi celo por las tradiciones de mis antepasados. Pero aun antes de que yo naciera, Dios me eligió y me llamó por su gracia maravillosa. Luego le agradó revelarme a su Hijo para que yo proclamara a los gentiles la Buena Noticia acerca de Jesús» (Gálatas 1:13-16, NTV).

Pablo tenía una meta específica, y esa meta le dio inspiración.

Cuando definí la victoria de priorizar el tiempo con mis hijos, eso me motivó a buscar esas oportunidades. Caminaba por la casa en busca de un niño aburrido que estuviera listo para pasar el rato conmigo.

Las metas son importantes, y el camino para alcanzarlas comienza cuando se define esa victoria. No obstante, seamos claros: definir la victoria no es *cómo* ganas.

¿Cómo ganas?

La respuesta puede sorprenderte. Es contraria a la intuición, pero esta verdad puede liberarte. Hay más poder en ella de lo que puedo describir.

¿Estás preparado? Aquí está.

Ganas cuando dejas de intentarlo.

Ejercicio 8

Completa esta frase.

Ejemplos: mi matrimonio, mi carrera, mi relación con Dios, mi salud, mis finanzas, la crianza de mis hijos.

Los principales aspectos de mi vida en los que necesito establecer una victoria son:

Utilizando las áreas de tu vida en las que quieres establecer una victoria, trabaja en la siguiente parte del ejercicio para definirla. Si es necesario, consulta los ejemplos que te di al principio del capítulo.

Puedes repetir esta pauta para cada victoria que quieras establecer. Si necesitas más o menos de tres pasos, no dudes en enumerar los que sean necesarios.

Mi nueva victoria es:

Considerando lo que has escrito aquí, indica tu meta y a quién se la contarás para que te apoye.

Mi meta es:

y me comprometo a compartirla con:

Principio 8

**Definir tu victoria es la forma en que empiezas.
Escribe tu meta y cuéntasela a alguien.**

¡Así que corran para ganar!

—1 Corintios 9:24, NTV

2.2 Intentar versus entrenar

Las personas pueden tener las mismas metas y, sin embargo, obtener resultados muy diferentes.

Ninguna pareja casada empieza diciendo: «Solo esperamos aguantar los próximos cincuenta años. Es posible que nos odiemos todo el tiempo, pero está bien mientras no nos divorciemos». No. Todos los matrimonios empiezan con la misma meta: «Queremos estar felizmente casados para siempre». No obstante, la mitad de los matrimonios terminan en divorcio.

Ningún sujeto termina su carrera deportiva en la escuela secundaria pensando: «¡Dentro de veinte años me encantaría tener el colesterol alto y quizá incluso prediabetes!». No. Todos los hombres asumen que van a poder ver al menos algunos músculos abdominales a los cuarenta años. Sin embargo, cerca de la mitad de los hombres de mediana edad en Estados Unidos tienen sobrepeso o son obesos.

Nadie dice: «Algún día quiero estar sumido en una deuda que no pueda pagar, y debatirme en cuanto a si debo declararme en quiebra». No. Todo el mundo quiere disfrutar de libertad financiera y poder donar generosamente a causas importantes. Pero la realidad es que más del sesenta por ciento de la población de los Estados Unidos está viviendo de cheque en cheque, y la deuda promedio de los hogares es de más de ciento treinta mil dólares.[1]

Ningún equipo deportivo comienza la temporada con la meta: «¡Este año esperamos quedar en tercer lugar!». No. Todos los equipos quieren ganar el campeonato. Sin embargo, solo uno levantará el trofeo al final de la temporada.

Las metas iniciales son las mismas, pero los resultados son drásticamente diferentes.

Sé que te acabo de animar diciendo: «¡Elige tu línea de meta! Define tu victoria». Y deberías hacerlo. No obstante, también hay que reconocer las limitaciones de las metas.

Para recapitular, definir la victoria *es* la forma en que empiezas. Pero definir la victoria no es la forma en que ganas.

¿Cómo ganas?

Dejando de intentarlo.

¿Qué hacen los ganadores de forma diferente? ¿Qué hace la pareja que celebra treinta años de matrimonio? ¿Qué hace el cuarentón sano y en forma? ¿Qué hace la familia sin deudas y con ahorros en el banco? ¿Y el equipo deportivo que sube al podio?

No se esfuerzan.

Se entrenan.

Pablo tenía una meta, pero también tenía dirección e inspiración. Tener una meta no era suficiente. Pablo se centró en el entrenamiento. Continuemos donde lo dejamos con su charla sobre los atletas en los Juegos Olímpicos e Ístmicos: «Todos los atletas se entrenan con disciplina» (1 Corintios 9:25, NTV).

> **Los ganadores no se esfuerzan. Se entrenan.**

El «entrenamiento con disciplina» del competidor era intenso. El filósofo griego Epícteto, que vivió en la misma época que Pablo, escribió que el entrenamiento del atleta «implica sed y calor abrasador y tragar puñados de arena».[2] *¿En serio?* Cuando practicaba deportes en la escuela secundaria y la universidad, a veces teníamos que correr carreras agotadoras, ¡pero nunca tuvimos que tragar arena! Si el entrenador nos hubiera dicho: «¡Hoy vamos a comer arena!», yo habría contestado: «Entrenador, mejor entraré a la banda musical. Tocar el oboe de repente parece genial».

Obviamente, lo que esos atletas soportaron no fue una broma. Probablemente hizo que algunos de ellos quisieran renunciar. No obstante, Epícteto nos dice que si un atleta se retiraba «sin razón suficiente», sería «azotado».[3] (No quiero ni pensar que mi entrenador de la escuela secundaria me azotara por mi decisión de tocar el oboe).

Pablo utilizó ese nivel de entrenamiento a fin de describir el tipo de entrenamiento que adoptó para avanzar hacia la meta. «Disciplino mi cuerpo como lo hace un atleta, lo entreno para que haga lo que debe hacer. De lo contrario, temo que, después de predicarles a otros, yo mismo quede descalificado» (1 Corintios 9:27, NTV).

La palabra traducida como «disciplino» es la palabra griega *jupopiázo*, que significa literalmente «golpear bajo el ojo». Pablo eligió una palabra intensa con el fin de declarar que haría lo que fuera necesario para ganar.

Él continuó: «Lo entreno [su cuerpo] para que haga lo que debe hacer». La palabra «entreno» viene del griego *doulagogeo*, que significa «esclavizar». Pablo no dejaría que su cuerpo, sus pensamientos, sus emociones, sus pasiones o sus sentimientos determinaran sus acciones. Estaba corriendo su carrera y haría lo que fuera necesario para alcanzar su meta.

Pablo llevó una vida de entrenamiento y animó a otros a hacer lo mismo. Le dijo a su aprendiz en el ministerio, Timoteo: «Ejercítate para la piedad» (1 Timoteo 4:7, RVC). La palabra traducida como «ejercítate» es la palabra griega *gumnázo*. El significado literal es «ejercitarse desnudo». *¿Qué? ¡Acabamos de pasar de una clasificación G a una PG-13!* Sí, los atletas griegos que se preparaban para competir en los juegos se entrenaban desnudos. ¿Por qué? Porque no querían que algo se interpusiera en su camino o los retrasara. Si alguna vez has visto las Olimpiadas y te has preguntado por algunos de los atuendos —o la falta de ellos—, ahora entiendes mejor el razonamiento *y* la historia.

Solo quiero hacer una aclaración: no te estoy animando a que te presentes en el gimnasio con tu traje de nacimiento. No obstante, como seguidores de Cristo que trabajan por el cambio, necesitamos abrazar una vida de entrenamiento mientras nos deshacemos de cualquier cosa que frene nuestro crecimiento.

Queremos alcanzar nuestra meta.

No dejaremos que nada se interponga en nuestro camino o nos frene.

Pablo definió su victoria. Tenía una meta, la cual le daba dirección e inspiración. Sin embargo, una meta no es suficiente, porque los ganadores y los perdedores suelen empezar con las mismas metas.

Tú has tenido metas. Has estado desesperado por cambiar. Así que lo has intentado. Lo has intentado de verdad.

Ese es el problema. Intentarlo no funciona. Llevas demasiado tiempo intentándolo. Los intentos nunca consiguen resultados constantes. Lo hemos visto una y otra vez. El círculo vicioso:

- Lo intentas.
- Te cansas de intentarlo.
- Abandonas.
- Te sientes avergonzado.
- Te reorganizas.
- Lo intentas.
- Te cansas de intentarlo.
- (Ya conoces la rutina).

Intentar no funciona. Entrenar sí.

En la película clásica de La Guerra de las Galaxias, *El imperio contraataca*, el maestro Yoda le dice al joven jedi Luke durante el entrenamiento: «Debes desaprender lo que has aprendido». Luke responde: «Está bien, lo intentaré». Yoda, frustrado, exige: «¡No! No lo intentes. Hazlo o no lo hagas. No hay intentos».[4]

Vamos a cambiar. Vamos a lograr nuestras metas a través del entrenamiento, no del intento.

¿Cuál es la diferencia?

Intentar es tratar de hacer lo correcto esforzándose en el momento.

Entrenar es comprometerse a desarrollar hábitos estratégicos que te capaciten para hacer lo correcto en el momento.

Con el objetivo de experimentar finalmente el cambio y la victoria que deseamos, es esencial que entendamos la diferencia entre intentar y entrenar. Así que vuelve a leer esas definiciones hasta que lo comprendas.

Digamos que tienes un enfoque en el cambio basado en el intento. Llega el «momento». Tal como suele ocurrir todos los días. Tendrás la oportunidad de hacer esa cosa buena que quieres hacer. O sentirás la tentación de hacer esa cosa mala que no quieres hacer. En ese momento, recordarás tu meta. Entonces harás acopio de toda tu fuerza de voluntad y determinación, y esperarás que eso baste para cambiar.

Si te comprometes con un enfoque en el cambio basado en el entrenamiento, no se trata del momento, sino de lo que haces antes de que llegue el momento. Te comprometes con hábitos estratégicos, con disciplinas deliberadas, que te preparan para estar listo cuando surja la oportunidad o la tentación. Si te entrenas, cuando llegue el momento no tendrás que esforzarte tanto como antes, ¡y obtendrás mejores resultados!

¿Recuerdas mi ejemplo de cuando comía exitosamente de forma saludable todo el día y luego lo estropeaba por la noche? Lo estaba intentando. Realmente. Pero no lograba nada. Cuando finalmente desarrollé un plan para la noche —entrenando por la noche como lo hacía durante el día—, obtuve resultados. Empecé a comer una cena completa y saludable a primera hora de la noche. Luego encontré algunos tentempiés saludables y bajos en calorías para sustituir la comida chatarra. A veces, salía a caminar para distraerme. Dejé de intentarlo y empecé a entrenar.

A medida que he vivido esto, me he preguntado si otra distinción, más sutil, es que el intento puede impedir la confianza. Cuando lo intento, hago lo que puedo con *mis* fuerzas. Intentar puede impedirme permitir que Dios me dé *su* fuerza para que Él pueda hacer en y a través de mí lo que yo no puedo.

Al intentarlo, puedo estar negando involuntariamente la oferta de gracia de Dios para hacer que su poder se perfeccione en mi debilidad (2 Corintios 12:9). Intentar puede ser, en cierto sentido, negar a Dios. El entrenamiento bien hecho es una asociación con Dios.

¿Quieres cambiar? ¿Alcanzar tu victoria? Deja de intentarlo y empieza a entrenar.

> **Deja de intentarlo y empieza a entrenar.**

He aquí otra definición de entrenamiento que debería ser útil: entrenar es hacer hoy lo que puedes hacer hoy para poder hacer mañana lo que no puedes hacer hoy.

Hago hoy lo que puedo hacer hoy mediante «hábitos estratégicos». Así puedo hacer mañana lo que no puedo hacer hoy: evitar la tentación y avanzar hacia mi meta.

La victoria se logra a través del entrenamiento, no del intento.

Aunque este principio es obvio en muchas áreas de la vida, las personas suelen pasar por alto lo más importante. Cuando se trata de las áreas de la «línea de meta», los cristianos tienden a tener una teología del intento. Creemos que podemos llegar a donde queremos ir simplemente esforzándonos más. Estamos convencidos de que esto funciona:

- «Voy a tratar de estar más cerca de Dios».
- «Vamos a tratar de tener un buen matrimonio».

- «Voy a tratar de ser un mejor padre».
- «Vamos a intentar dejar de tener relaciones sexuales antes del matrimonio».
- «Voy a intentar ser una persona más cariñosa».

Sin embargo, cuando ese es nuestro enfoque, nos preparamos para el fracaso.

Intentar no funciona. Entrenar sí.

Lo sabemos: no obtienes un «sobresaliente» en la escuela por presentar el examen final y esforzarte. Consigues la buena calificación comprometiéndote con hábitos estratégicos (ir a clase, tomar notas, estudiar) antes del examen. Eso te prepara para hacer lo correcto (tener las respuestas correctas) en el momento de hacer el examen. Día a día, haces lo que puedes hacer hoy (ir a clase, estudiar) para poder hacer mañana lo que no puedes hacer hoy (sacar la máxima calificación en el examen).

Otro ejemplo: Pablo se refirió a correr una carrera en los juegos. Imagina que tienes la meta de correr un maratón. Sin embargo, digamos que ahora mismo te encuentras con treinta y cinco libras de sobrepeso. No has corrido desde el octavo grado. Llevas años sin hacer ejercicio. Anoche cenaste Twinkies. De postre comiste... bueno, más Twinkies.

No obstante, deseas intensamente correr un maratón, así que te inscribes. El día de la carrera estás entusiasmado. Te colocas entre la multitud de corredores. Antes de que suene el pistoletazo de salida, la persona que está a tu lado se presenta. Ella te pregunta cuánto tiempo llevas entrenando.

—¿Entrenando? Bueno, no lo he hecho —respondes—. En realidad, no he corrido desde octavo grado.

—¿De verdad? Qué interesante —dice ella, al parecer dudosa. Luego pregunta—: Oye, ¿qué tienes en la camiseta?

Tú miras hacia abajo.

—Ah, eso es... relleno de Twinkie. Supongo que me ensucié un poco durante mi desayuno antes de la carrera.

La persona parece confundida.

—¿Te sientes seguro de poder terminar este maratón?

—¡Sí! —sonríes y anuncias—: ¡Porque lo voy a *intentar* con todas mis fuerzas!

—¿Lo vas a *intentar*? —pregunta ella.

—¡Sí! —respondes sin miedo y luego te haces un rápido selfi para capturar el momento, ya sabes, por si acaso estableces un récord en la carrera.

Suena el pistoletazo de salida. Los corredores se ponen en marcha. No has entrenado, pero ahora en la carrera te esfuerzas mucho. ¿Lo vas a lograr? No. En poco tiempo, estarás tirado en el arcén, vomitando y llorando por tu mamá.

¿Por qué? Porque lo intentaste mucho, pero no entrenaste. La única manera de pasar de estar fuera de forma a ser capaz de correr un maratón es entrenando. Comprometiéndote con hábitos estratégicos antes del maratón que te equipen para correr el maratón. Haciendo hoy lo que puedes hacer hoy (tal vez correr un kilómetro) para poder hacer mañana lo que no puedes hacer hoy (tal vez correr un kilómetro y medio). Sigue practicando tus hábitos estratégicos y alcanzarás tu meta de correr un maratón. Intentar tiende a ser una reacción momentánea, mientras que el entrenamiento es una acción continua.

Debemos aplicar este principio a nuestras prioridades más importantes. Entrenando, no intentando, es como:

- Te acercas a Dios
- Tienes un matrimonio increíble
- Crías a unos hijos maravillosos
- Perdonas a la persona que te hizo daño
- Entablas amistades más estrechas

- Eres más paciente
- Ganas tu liga de fútbol de fantasía
- Duermes mejor
- Pasas menos tiempo con el teléfono
- Mejoras tu capacidad de liderazgo
- Lees toda la Biblia en un año
- Desarrollas tu forma de tocar la guitarra
- Dejas de ver porno
- Aprendes a partir un huevo con una sola mano
- (Inserta tu meta número uno)

Hagamos entonces un pequeño repaso. ¿Cómo vas a lograr finalmente tu victoria? Lo harás al recordar:

1. El quién. No el hacer.
2. Haces lo que haces debido a lo que piensas de ti.
3. Para cambiar lo que haces, primero tienes que cambiar lo que piensas de ti.
4. Eres quien Dios dice que eres.
5. *Cambiarás* y *podrás* convertirte en quien quieres ser.
6. Si tu hacer tiene que ver con lo que Dios quiere que seas —con lo que quieres llegar a ser—, entonces tu hacer no es pequeño.
7. Definiendo tu victoria es la forma en que empiezas. Necesitas una meta. Escribe tu meta y cuéntasela a alguien.
8. Y para lograr tu meta hay que entrenar. No intentarlo.

Lo más probable es que si te ha costado cambiar, lo hayas intentado durante muchísimo tiempo, y al intentarlo nunca se consiguen resultados constantes. Con demasiada frecuencia, intentarlo conduce a renunciar. Así que deja de intentarlo.

En el último ejercicio, te pedí que definieras tu victoria y la compartieras con alguien. Ahora sabes que tienes que lograr esa victoria a través del entrenamiento. Entonces, ¿qué entrenamiento (hábitos, relaciones, acciones) necesitas llevar a cabo para lograr lo que más quieres?

Esto nos lleva a la siguiente pregunta crucial: ¿qué hábito estratégico tendrá el mayor impacto para conducirte a tu victoria?

Ejercicio 9

Utilizando las victorias definidas en el ejercicio 8, escribe algunas formas en las que has intentado cambiar en el pasado, pero has fracasado. Esto es importante para identificar lo que has hecho que no ha funcionado: el intento.

Tomando esas mismas victorias que definiste, enumera algunos hábitos estratégicos que podrías implementar a través del entrenamiento.

Ejemplos:

Para perdonar a alguien que te hirió, puedes entrenar (1) escribiendo los versículos donde Jesús enseñó sobre el perdón y (2) escribiendo las ofensas que Dios y otros te han perdonado.

Para leer tu Biblia todos los días, puedes entrenarte
(1) levantándote veinte minutos antes y (2) poniendo tu
Biblia cada noche en un lugar visible como recordatorio,
abierta en el último pasaje que leíste.

Por último, ¿cómo podría ser liberador para ti dejar de intentarlo y enfocarte en el entrenamiento?

Principio 9

Intentar no funciona. Entrenar sí.

**Intentar es un intento de hacer lo correcto
esforzándose en el momento.**

**Entrenar es un compromiso con hábitos estratégicos
que realizas antes del momento y te capacitan
para hacer lo correcto en el momento.**

Todos los atletas se entrenan con disciplina. Lo
hacen para ganar un premio que se desvanecerá,
pero nosotros lo hacemos por un premio
eterno. Por eso yo corro cada paso con propósito.
No solo doy golpes al aire. Disciplino mi cuerpo
como lo hace un atleta, lo entreno para que haga
lo que debe hacer.

—1 Corintios 9:25-27, NTV

2.3 Disciplina no es una mala palabra

Tengo un poco de entrenamiento en las artes marciales. Estoy muy familiarizado con Daniel LaRusso, alias Karate Kid, y con el dojo Cobra Kai. Puedo golpear al mejor de ellos. Si me das la oportunidad, puedo barrer tu pierna tan rápido que tu cabeza dará vueltas. Durante unos quince años, soñé con practicar jiu jitsu. Estaba enamorado de lo hermoso y sorprendente que es este deporte y de cómo los luchadores se pavonean como Jagger.

Mi amigo Bobby se cansó de oírme quejarme de que yo estaba muy mayor para practicar jiu jitsu. Un día me sorprendió al decirme: «Craig, voy a tomar clases de jiu jitsu. ¿Quieres ir?». *¿De verdad? ¡Sí!*

Tomamos dos clases juntos y luego Bobby lo dejó. Fue entonces cuando me di cuenta de que me había tendido una trampa.

El jiu jitsu ha sido estimulante e... interesante. Cuando empecé, alguien en el gimnasio me dijo que necesitaba un *gi*. Pensé que era algún tipo de mantequilla, como el *ghee*. Pero no. Un *gi* es básicamente una bata de algodón de gran tamaño. Me sentía extrañamente bien con mi *gi* hasta que descubrí que no podía atar el cordón.[1] No tengo un título de ingeniería y no pude dominar la maniobra de halar hacia atrás antes de halar hacia adelante (*#laluchaesreal*). Durante mi primera lección, mis pantalones se caían continuamente. Esperaba sentirme avergonzado por ser un desastre en el jiu jitsu, no porque fuera un desastre en el jiu jitsu con mis pantalones en los tobillos.

Había muchas cosas que recordar. Me olvidaba constantemente de llevar el cinturón a mis clases. La gente del jiu jitsu frunce el ceño cuando está frente a luchadores sin cinturón. Un luchador de jiu jitsu sin cinturón es como Ben y Jerry sin el helado.

Incluso si me acordaba de mi cinturón, normalmente me olvidaba de hacer una reverencia cuando entraba al tatami. El jiu jitsu tiene tradiciones oficiales, entre las que se incluye hacerle una reverencia al oponente mientras se chocan los puños y luego palmeas las manos con tu rival. Yo tenía cero experiencia en hacer reverencias con un conjunto de gestos simultáneos con las manos (si alguien de mi familia te dice que me ha pillado practicando la reverencia y el choque de puños en el espejo, miente).

Además de todas las reglas declaradas, el jiu jitsu también tiene un código no escrito. Un «tapete abierto» es una sesión de entrenamiento no estructurada en la que puedes «rodar» con cualquiera. Rodar es como hacer *sparring*; los aprendices practican combatiendo entre ellos. La regla no escrita es que los estudiantes con cinturones inferiores no les pidan a los cinturones superiores más avanzados que rueden con ellos. Algunas personas en el mundo del jiu jitsu consideran que esto es una falta de respeto. Si un cinturón inferior le pide a un cinturón superior que rueden, el cinturón superior se esforzará aún más para darle una lección al cinturón inferior.

Nadie me contó ese pequeño detalle.

Estaba emocionado por practicar mis nuevas habilidades. Soy un tipo amigable. Me acerqué a un sujeto que tenía un cinturón marrón muy gastado. «¡Hola! ¿Qué tal va todo? Soy Craig. ¿Quieres rodar?». Me di cuenta de que su comportamiento no se correspondía con mi energía. Yo era agradable y cálido. Él parecía, bueno, agitado y hostil. *Ah, ah*.

Aproximadamente un minuto más tarde, me aplastó la cabeza tan profundamente en la alfombra que me pregunté si me había fusionado con ella. Salí del cuadrilátero con mi oreja hinchada: tenía el tamaño de la mitad de Texas. (Pero sin importar lo que hayas oído, *no* grité como un niño. Esa fue otra persona).

Estaba desanimado, pero me negué a sentirme derrotado. (Bueno, él sí me derrotó, pero no fui derrotado en espíritu). Seguí aprendiendo y practicando las disciplinas del jiu jitsu: el código escrito *y* el no escrito.

Mi entrenamiento en el jiu jitsu a menudo resulta contraproducente.

Pensé que tendría ventajas porque soy más bien fuerte y tengo cierta capacidad atlética natural. He practicado muchos deportes. Intenté confiar en esas habilidades hasta que me di cuenta de que funcionaban en mi contra. Lo que creía que eran ventajas se convirtieron en inconvenientes. El jiu jitsu se basa en la fluidez y la técnica, no solo en la fuerza y la velocidad.

Mi instinto era entrar de lleno en modo el Increíble Hulk contra un oponente, como en: «¡No te gustaré cuando esté enojado!».

Ese no es el camino del jiu jitsu. En absoluto. Se lucha relajado y se aprende a respirar lentamente.

Intentarlo con fuerza no funcionó, así que me dediqué a entrenar. Tomo tres clases particulares a la semana, veo videos y entreno en casa. Muy pronto me di cuenta de que tenía que dejar de intentarlo y empezar a aprender las disciplinas del jiu jitsu.

También tuve que dominar mis agarres. Los agarres son las tácticas que utilizas para controlar y mover a tu oponente . Cada agarre tiene sus propios pasos increíblemente intrincados, y yo era un inepto por completo al principio (incluso con mi cordón —bueno, mi cinturón— atado). No obstante, seguí entrenando. Hice hoy lo que podía hacer hoy. Y entonces, una mañana, todo encajó. Finalmente, pude hacer lo que no podía hacer. Eso se sintió muy bien. *¡Libertad!*

Entrenar poniendo en práctica las disciplinas diarias me llevó de la incompetencia a la maestría. (De acuerdo, todavía no soy un maestro, pero lo parezco comparado con aquel primer día sin pantalones en el que mi cara sangrante estaba metida a quince centímetros de profundidad en una colchoneta).

El jiu jitsu se basa en la disciplina.

Para los seguidores de Cristo, hacer cambios —dejar el pecado atrás, crecer en madurez, lograr una meta, alcanzar el éxito— tiene que ver con la disciplina.

Probablemente tengas tu propio jiu jitsu: algún pasatiempo, deporte, actividad o habilidad que te permita relacionarte con mi experiencia. Ese mismo viaje de novato a experto tiene que ocurrir con cualquier aspecto de la vida en el que queramos un cambio real.

Es posible que en este momento sientas nauseas porque odias la idea de la disciplina. Tal vez te sientas con respecto a la disciplina de la misma manera que lo harías al pensar en usar el papel de lija como papel higiénico. Si menciono la disciplina, te preguntarás si deberías usar este libro para encender un fuego en tu asador verde con forma de huevo.

Créeme, lo entiendo. Sin embargo, espera.

La disciplina tiene una mala reputación. La palabra *disciplina* nos hace pensar en hacer cosas que no queremos hacer, como levantarnos temprano, tender la cama y comer coles de Bruselas.

También puedes creer que no eres disciplinado y nunca podrías serlo.

Quiero darte una definición de disciplina que cambió mi vida. Una que te ayudará a ver la disciplina como algo alcanzable y atractivo, porque es el camino para lograr tus metas. ¿Estás listo?

La disciplina es elegir lo que más quieres por encima de lo que quieres ahora.

> **La disciplina es elegir lo que más quieres por encima de lo que quieres ahora.**

Siempre hay algo que deseamos ahora. Ese deseo del *ahora* resulta seductor, ya que promete una gratificación instantánea. Sin embargo, esas promesas rara vez se cumplen.

También hay algo que deseamos más. Ese deseo *mayor* rara vez proporciona una gratificación instantánea. No obstante, te ofrece algo mucho más importante: la vida que quieres vivir. La disciplina consiste en elegir lo que más deseas por encima de lo que quieres ahora. Veamos algunos ejemplos.

El matrimonio

Lo que más quieres: un matrimonio feliz lleno de amor e intimidad.

Lo que quieres ahora: ver la televisión.

Sabes que ver la televisión no te ayudará a tener un matrimonio feliz. Tener un tiempo de conversación en el sofá con tu cónyuge te ayudará a tener un matrimonio feliz. La disciplina consiste en elegir lo que más quieres («Vamos a sacar veinte minutos para hablar antes de encender la televisión») en lugar de lo que quieres ahora («¿Qué vamos a ver esta noche?»). Es más fácil elegir lo que quieres ahora, pero vives la vida que deseas al elegir lo que más quieres.

Las finanzas

Lo que más quieres: estar libre de deudas para que el dinero no sea un estrés, experimentar la paz financiera y dar generosamente.

Lo que quieres ahora: comprar el nuevo refrigerador que viste en casa de tu amigo. ¡Al fin y al cabo, se conecta a la Internet y la luz del interior se enciende cuando tocas la puerta!

Sabes que gastar mil ochocientos dólares en un nuevo refrigerador no te conducirá a la libertad financiera. Seguir con tu aburrido refrigerador sin wifi te ayudará a salir de tu abismo monetario. La disciplina consiste en elegir lo que más quieres («Nos hemos comprometido a gastar menos dinero. Nuestro frigorífico está bien»), en lugar de lo que quieres ahora («¡Consigamos el nuevo frigorífico! ¡Puede que nos permita enviar nuestras carnes y quesos por correo electrónico!»). Es más fácil elegir lo que quieres ahora, pero vives la vida que deseas al elegir lo que más quieres.

La espiritualidad

Lo que más quieres: una gran relación con Dios que te lleve a tener una vida con sentido, alegría y paz.

Lo que quieres ahora: dormir diez minutos más.

Sabes que postergar la alarma del despertador no se traduce en intimidad con Dios. Salir de la cama para pasar un rato leyendo la Biblia u orando hará crecer tu relación con Él. La disciplina consiste en elegir lo que más quieres («Voy a echarme agua fría en la cara, a introducir un café en mi torrente sanguíneo y a leer la Biblia») en lugar de lo que quieres ahora («Amo a Dios, pero también amo mi almohada. ¿Dónde está el botón para posponer la alarma?»). Es más fácil elegir lo que quieres ahora, pero vives la vida que deseas al elegir lo que más quieres.

La pureza

Lo que más quieres: ser puro para poder tener una relación sin obstáculos con Dios y con tu cónyuge (o tu futuro cónyuge).

Lo que quieres ahora: mirar esas imágenes en tu teléfono o tener relaciones sexuales cuanto antes.

Sabes que visitar ese sitio web o esas cuentas de Instagram no te ayudará a ser puro y te conducirá a la vergüenza. Llamar a tu compañero de rendición de cuentas en lugar de mirar porno te ayudará a tener una mayor intimidad con Dios y tu cónyuge (o futuro cónyuge).

La disciplina es elegir lo que más quieres («Me siento tentado de nuevo. ¿Puedes orar por mí? ¡Llámame mañana y pregúntame si miré!») en lugar de lo que quieres ahora («No puedo evitarlo. Soy humano. Tengo necesidades»). Es más fácil elegir lo que quieres ahora, pero vives la vida que deseas al elegir lo que más quieres.

■ ■ ■

Entrenar en lugar de intentar significa elegir la disciplina.

La disciplina significa elegir lo que más quieres por encima de lo que quieres ahora.

Para experimentar un cambio real y duradero, para vivir finalmente la vida que deseas, eliges la disciplina.

El problema es que no quieres hacerlo. Bueno, al menos no en este momento. En este momento, la disciplina te parece dolorosa.

- Ir al gimnasio cuando quieres jugar videojuegos te parece doloroso.
- Decidir no fijarte en la persona con el cuerpo fabuloso en el gimnasio te parece doloroso.
- Dejar el teléfono para poder concentrarte en la persona que está en la habitación contigo te parece doloroso.

A nadie le gusta el dolor. ¿Por qué eliges el dolor?

Porque, de cualquier manera, hay dolor. *Tienes* que elegir el dolor. Pero puedes elegir *qué tipo* de dolor.

El escritor de Hebreos habla exactamente de este concepto en el capítulo 12, versículo 11: «Ninguna disciplina resulta agradable a la hora de recibirla. Al contrario, ¡es dolorosa! Pero después, produce la apacible cosecha de una vida recta para los que han sido entrenados por ella» (NTV). Observa las palabras: «disciplina», «dolorosa», «vida recta» y «entrenados».

Vas a experimentar dolor. La disciplina puede sentirse dolorosa, pero si no vives una vida disciplinada, experimentarás el dolor del arrepentimiento. No elegir lo que quieres ahora parece doloroso. No obstante, si eliges lo que quieres ahora, más tarde experimentarás el dolor de no tener lo que más deseas.

Por ejemplo, cuando eras niño, obedecer a tus padres con frecuencia te resultaba doloroso. Pero si no lo hacías, experimentabas el dolor de las consecuencias más adelante.

En la escuela, estudiar era un dolor total. Pero no estudiar conducía al dolor de perder un examen o incluso de tener que repetir la clase.

Decirle que no a la tentación es doloroso. Pero si dices que sí, pasas por el dolor de la culpa. También puedes acabar teniendo que liberarte de las garras de una adicción. Y luego está una de las peores emociones que puede sentir un ser humano: la vergüenza.

Como padre, cuando estás agotado por tu trabajo y estresado por la vida, sacar el tiempo para invertir espiritualmente en tus hijos puede resultar doloroso. Pero si no lo haces, puedes experimentar el dolor de tener hijos adultos que estén resentidos contigo o se hayan alejado de Dios. Aunque eso puede sucederle al mejor de los padres, porque todos los hijos tienen libre albedrío, invertir en tus hijos cuando son jóvenes aumenta tus posibilidades de lograr lo que dice Proverbios 22:6: «Dirige a tus hijos por el camino correcto, y cuando sean mayores, no lo abandonarán» (NTV). ¡Esa dirección puede ser dolorosa!

La conclusión es que no se puede evitar el dolor.

La pregunta es: ¿Elegirás el dolor de la disciplina o el dolor del arrepentimiento?

He descubierto que el dolor del arrepentimiento es siempre peor que el dolor de la disciplina. El dolor a lo largo del camino es mucho más preferible que llegar al final del camino y darte cuenta de que te perdiste algún aspecto importante de la vida que Dios tenía para ti.

Elijamos el dolor de la disciplina y rechacemos el dolor del arrepentimiento. Comprometámonos a no tener que decir nunca:

- «Debería haberme cuidado mejor».
- «Ojalá nunca hubiera empezado a andar por ese camino. No tenía ni idea de cómo iba a arruinar mi vida».
- «Si hubiera perdonado a mi padre. Ahora es demasiado tarde».
- «Nunca planeé terminar aquí. Daría cualquier cosa por otra oportunidad».

El deseo por sí solo no te hará conseguir lo que más quieres, pero la disciplina sí. Así que no evites el dolor de la disciplina. Si lo haces, no conseguir lo que más deseas será tu mayor arrepentimiento.

Tal vez pienses: *Si lo que necesito es disciplina, estoy en problemas, porque no soy disciplinado.*

No es cierto. En realidad eres disciplinado.

Si observas las áreas de tu vida en las que estás luchando, sospecho que verás una falta de disciplina. En Proverbios 25:28 leemos: «Una persona sin control propio es como una ciudad con las murallas destruidas» (NTV).

No obstante, si miras las áreas de tu vida en las que estás ganando, apuesto a que verás que eres disciplinado. El

> **El deseo por sí solo no te hará conseguir lo que más quieres, pero la disciplina sí.**

entrenamiento funciona, y hay áreas de tu vida donde estás viendo ese esfuerzo. Lo que es cierto en tu vida es cierto en la vida de todo el mundo: el camino hacia el éxito público siempre está pavimentado con la disciplina privada.

Me gusta la forma en que Joe Frazier, campeón de boxeo de los pesos pesados en las décadas de 1960 y 1970, lo expresa: «Puedes trazar un plan de lucha o un plan de vida, pero cuando empieza la acción, te quedas con tus reflejos. Ahí es donde se nota tu trabajo en el camino. Si hiciste trampa en eso en la oscuridad de la mañana, ahora te descubren bajo las luces brillantes».[2]

Las personas vieron a Smokin' Joe en el cuadrilátero ganando peleas de campeonato. No veían a Frazier corriendo kilómetros todos los días antes de que saliera el sol. El camino hacia el éxito público siempre está pavimentado con la disciplina privada.

He aquí un ejemplo sencillo: tienes que ir a una boda. Horas antes, te duchas o te bañas y te arreglas el pelo. Dedicas un tiempo extra a estar lo mejor posible. Cuando entras y la gente te felicita, en realidad están reconociendo lo que hiciste en privado para lucir como lo haces en público.

Piensa en la disciplina como la elección de hacer lo que es importante para ti. Haces repetidamente algunas cosas que son importantes para ti. Comes. Duermes. Esas son disciplinas.

Probablemente tienes algunas disciplinas que no te ayudan a ganar. Es posible que comas con estrés, duermas en exceso, juegues videojuegos durante horas cada noche, o mires el teléfono ciento sesenta veces al día.

Esas también son disciplinas. Te has entrenado para hacer esas cosas.

Demuestra que puedes ser disciplinado. Eres disciplinado.

Ahora es el momento de ser disciplinado —para elegir lo que más quieres por encima de lo que quieres ahora— en las áreas más importantes de tu vida donde quieres cambiar.

¿Por qué?

Porque tus deseos no determinan en quién te conviertes.

Lo hacen tus disciplinas.

Ejercicio 10

Identifica las tres principales áreas de tu vida en las que crees que te falta disciplina.

1.

2.

3.

A continuación, identifica las tres áreas principales de tu vida en las que muestras más disciplina.

1.

2.

3.

En las áreas de tu vida en las que estás eligiendo lo que quieres ahora en lugar de lo que más quieres, escribe las razones por las que puedes estar posponiendo el dolor de la disciplina y arriesgándote al dolor del arrepentimiento.

Ejemplos: Estoy demasiado cansado para ser constante en lo que respecta a disciplinar a mis hijos. Ahora estoy sano, así que tengo tiempo para empezar a hacer ejercicio más adelante.

En las áreas donde percibes que te falta disciplina, ¿cuál es el mayor cambio positivo que podría producirse si eliges un poco de dolor hoy en lugar de dejarlo para mañana?

Principio 10

**La disciplina es elegir lo que más quieres
por encima de lo que quieres ahora.**

**El camino hacia el éxito público siempre está
pavimentado con la disciplina privada.**

Ninguna disciplina resulta agradable a la
hora de recibirla. Al contrario, ¡es dolorosa! Pero
después, produce la apacible cosecha de una vida
recta para los que han sido entrenados por ella.

—Hebreos 12:11, NTV

2.4 Tu hábito y un giro en la trama

Anteriormente te pregunté: ¿qué es lo que más necesitas hacer para tener lo que más quieres?

Ahora quiero darle la vuelta a la pregunta: ¿qué es lo que más necesitas dejar de hacer para tener lo que más quieres?

Vamos a aprender cómo comenzar *y* abandonar los hábitos. Primeramente, establezcamos los hábitos que necesitamos comenzar y abandonar para conseguir nuestras metas. Puedes elegir un hábito estratégico que empezar y un hábito no tan estratégico que abandonar.

Esto son algunos ejemplos para ayudarte a entender cómo podría funcionar esto:

> **Establece los hábitos que necesitas comenzar y abandonar para conseguir tus metas.**

- Meta: acercarte a Dios.
  - Hábito a comenzar: leer la Biblia todos los días o asistir a un estudio bíblico en un grupo pequeño.
  - Hábito a abandonar: posponer la alarma del despertador en la mañana o planear cosas durante el fin de semana que impidan asistir a la iglesia.
- Meta: salir de las deudas.
  - Hábito a comenzar: tomar un curso de administración del dinero con base bíblica, como la Universidad de la Paz Financiera.
  - Hábito a abandonar: comprar sin orar o hacer solo los pagos mínimos de la tarjeta de crédito.

- Meta: conseguir más amigos.
  - ▶ Hábito a comenzar: participar en un grupo, un equipo o un pasatiempo que se pueda hacer solo con otras personas.
  - ▶ Hábito a abandonar: ver la televisión solo excesivamente cada fin de semana.
- Meta: mejorar tu matrimonio.
  - ▶ Hábito a comenzar: hacer un devocional en pareja cada noche o comprometerse a tener una cita semanal.
  - ▶ Hábito a abandonar: culpar o hablar negativamente de tu cónyuge cuando estás con otras personas.
- Meta: conseguir un ascenso en el trabajo.
  - ▶ Hábito a comenzar: establecer metas claras y documentar los logros para compartirlos en una próxima revisión.
  - ▶ Hábito a abandonar: hablar negativamente de los compañeros de trabajo o participar en las políticas o los cotilleos de la oficina.

¿Ves cómo funciona?

Creemos que tenemos que cambiar nuestros resultados. Así que nos fijamos metas como «Perder veinte libras», «Mejorar mi matrimonio» o «Conseguir un ascenso en el trabajo». Y realmente queremos esas cosas, así que lo intentamos. Luego nos frustramos, porque los resultados no se dan de la manera que queremos o tan rápido como deseamos. Así que, finalmente, renunciamos.

¿Por qué fracasamos? Porque lo intentamos.

En cambio, deberíamos entrenar estableciendo los hábitos estratégicos que necesitamos comenzar y abandonar. ¿Qué podemos hacer para avanzar, poco a poco, hacia nuestras victorias? Necesitamos entonces la disciplina para hacer estas cosas, para elegir lo que más queremos por encima de lo que queremos ahora.

¿Cuál es tu victoria?

¿Qué hábito estratégico te llevará a tu victoria?

Eso es lo que tienes que decidir.

¿Estás preparado ahora para un giro de la trama?

Es posible que esto no esté a la altura de los mejores giros argumentales de películas como estas:

- Bruce Willis estuvo muerto todo el tiempo.
- Darth Vader es el padre de Luke.
- Norman Bates es su madre.
- Ese tipo que cojea es Keyser Söze.
- El asesino de *Scream* en realidad son dos personas.
- Los dos tipos del *Club de la pelea* en realidad son una persona.

Sin embargo, este giro de la trama es legítimo.

En serio, ¿estás listo para el giro argumental «no lo vi venir»?

Asumiendo que lo estás, aquí vamos: ganas cuando haces que *practicar* tu hábito sea tu victoria.

Espera. ¿Qué? Pensaba que tenía una victoria, y luego un hábito que me conduce a mi victoria.

Sí, es cierto. Pero si te centras en tu victoria, la mayoría de las veces sentirás que estás perdiendo. Si te centras en tu hábito, puedes ganar todos los días.

Con un enfoque de entrenar en lugar de intentar, haces que practicar tu hábito sea tu victoria. Esta elección les dará un giro a tus intentos de cambio.

Digamos que tu victoria es eliminar veinte mil dólares de la deuda de tu tarjeta de crédito. Planeas hacerlo utilizando una estrategia de bola de nieve para pagar las deudas. Así que estableces estos hábitos:

1. Establecer y respetar un presupuesto mensual realista.
2. Pagar cien dólares más al mes por la deuda de tu tarjeta de crédito.
3. No comer fuera ni comprar café caro hasta que pagues la deuda.
4. Usar solo la tarjeta de débito o dinero en efectivo para hacer tus compras.

¿Cuánto tiempo tardarás en pagar los veinte mil dólares de deuda de la tarjeta de crédito? De treinta años a nunca si sigues haciendo los pagos mínimos. Podrías pagar entre treinta mil y sesenta mil dólares más, dependiendo de los tipos de interés. No obstante, si sigues tu estrategia de bola de nieve para pagar las deudas, deberías poder pagar tu deuda en pocos años y también ahorrar decenas de miles de dólares en intereses.

Es posible que te sientas desanimado cada vez que recibas el extracto de tu tarjeta de crédito y te preguntes: *¿Por qué se tarda tanto en pagar esto?* Puedes pensar que nunca vas a lograrlo y sentirte tentado a renunciar.

Cumplir tu meta puede llevarte unos cuantos años. Pero *puedes* practicar tus hábitos todos los días. Puedes elegir no comer fuera. Puedes elegir hacer tu café en casa en lugar de comprarlo de camino al trabajo. Puedes tomar todo el dinero que estás ahorrando y aplicarlo a la deuda de tu tarjeta de crédito. Si realizas estos hábitos todos los días, acabarán conduciéndote a tu meta.

Muchos programas de recuperación utilizan la frase: «Toma la siguiente decisión correcta». Hay que dejar de centrarse en el tiempo que se tardará y enfocarse en lo que se puede hacer ahora.

Como el hombre más sabio del planeta, el rey Salomón siempre acuñó frases de una sola línea. Eclesiastés 7:8 no es una excepción: «Vale más terminar algo que empezarlo. Vale más la paciencia que el orgullo» (NTV).

Así que si haces que practicar tu hábito sea tu victoria, puedes ganar cada día.

Tal vez tu victoria sea perder veinte libras. Tus hábitos son comer cien calorías menos de las que quemas cada día y salir a caminar a la hora del almuerzo.

¿Cuánto tiempo tardarás en perder veinte libras? Muchos expertos afirman que lo mejor para perder peso de forma duradera es hacerlo despacio y con constancia. Los Centros para el Control y la Prevención de Enfermedades nos dicen que perder una libra a la semana es saludable.[1]

Perder ese peso puede requerir cinco meses. Eso significa que pasarías unos ciento cincuenta días sin alcanzar tu meta. Perder una libra a la semana puede parecer como *no* perder peso durante ciento cincuenta días.

Sin embargo, puedes practicar tus hábitos todos los días. Ya sea que te ayuden a pagar la deuda de la tarjeta de crédito, a perder peso, o a lograr cualquier comienzo o renuncia, si llevas a cabo tus hábitos de manera constante, finalmente te conducirán a tu meta. Si haces que practicar tu hábito sea tu victoria, puedes ganar todos los días.

> **Si haces que practicar tu hábito sea tu victoria, puedes ganar cada día.**

En términos empresariales, podríamos referirnos a esto como aportes y resultados. Los aportes (procesos) son lo que haces cada día. Esos aportes se convierten en un camino que te lleva a un nuevo lugar. El resultado es la consecuencia de los aportes.

Obsesionarse con los resultados es fácil. Un concesionario que suele vender ochenta autos al mes puede fijarse como meta vender cien. Eso es un resultado. El problema es que el concesionario no puede controlar el resultado en realidad. Los vendedores de autos pueden esforzarse más, pero probablemente obtendrán los mismos resultados y se cansarán de intentarlo. No pueden controlar los resultados, pero sí los aportes. Ese concesionario puede hacer que cada vendedor llame a diez antiguos clientes. O darle un regalo a cada persona que compre un auto si escribe una reseña en la Internet. O ensayar varios incentivos para los clientes y comprobar cuál es el que tiene mayor impacto. Se trata de aportes que se pueden controlar. Los aportes correctos conducirán a los resultados correctos.

Aportes y resultados pueden ser términos empresariales, pero las empresas no son las únicas que se obsesionan con los resultados. Hacemos propósitos de Año Nuevo como: «Conseguir un ascenso» o «Dejar de beber» o «Pasar más tiempo con mis hijos». Esos son resultados. No queremos enfocarnos en los resultados. Pueden tardar un tiempo en alcanzarse y podemos sentir que estamos perdiendo a lo largo del camino. Tampoco podemos controlar todos los resultados. No puedes controlar si tu jefe te dará un ascenso o si tus hijos querrán pasar tiempo contigo.

A veces nos obsesionamos con los resultados en la vida de otras personas. Envidiamos sus resultados. «Ojalá tuviéramos un matrimonio como el de ellos». «Sería increíble ser libre financieramente como mi vecino». «Ella parece muy cercana a Dios. ¿Por qué no puedo ser más como ella?». Podemos ver muy fácilmente los resultados de otras personas. Sin embargo, lo que no podemos ver es lo que hacen cada día. La disciplina privada pavimenta el camino al éxito público. En lugar de envidiar los resultados, haríamos bien en imitar los aportes.

Haz de practicar tu hábito tu victoria. Obsesiónate con el proceso en lugar de con el resultado. No se obtienen resultados centrándose en los resultados. Se obtienen resultados centrándose en las acciones que llevan a los resultados.

¡Esto resulta liberador! ¿Lo sientes? Deberías gritar: «¡Libertad!», como William Wallace al final de *Corazón valiente*.

(Bueno, cuando William Wallace gritaba «¡Libertad!», estaba siendo ejecutado, así que no nos dejemos llevar por la comparación). Esto resulta liberador debido a que no puedes controlar todos los resultados. No puedes controlar cuántos autos venderás este mes o cuánto peso perderás. Pero sí puedes controlar tus acciones en este momento.

Tu meta puede ser convertirte en un gran orador. Sin embargo, es posible que te lleve algún tiempo llegar a esa victoria. Lo que puedes hacer es ver una charla TED al día y tomar notas sobre lo que debes aplicar. Puedes escribir una nueva charla de diez minutos cada semana. Puedes grabarte a ti mismo dando tu charla de diez minutos y luego verla, buscando lo que puedes mejorar.

Con un enfoque en el entrenamiento y no en el intento, eliges hábitos estratégicos y consideras que cada día que te dedicas a tu proceso es una victoria.

Eso es algo que puedes hacer. Eso es libertad. Y esos aportes correctos acabarán conduciendo a tu resultado deseado.

Tú ganarás. ¡Ganarás!

Permíteme aliviar tu miedo, porque apuesto a que está en tu mente: no tienes que «ganar» todos los días para ganar en general.

Así que descubres que necesitas elegir un hábito estratégico. Aprendes que la clave para lograr tu meta es practicar el hábito todos los días. Entonces oyes una voz que te susurra: *¿Todos los días? No puedes hacerlo. Sabes que no podrás hacerlo todos los días.*

En la siguiente sección, aprenderemos cómo hacer que nuestros hábitos sean tan fáciles y atractivos que querremos practicarlos todos los días. No obstante, aun así, es probable que no puedas llevarlos a cabo a diario. Así que gracias a Dios no tienes que ganar todos los días para ganar. Precisamente por eso el apóstol Pablo hablaba tanto de la gracia en sus cartas. No vas a ser perfecto. Nadie es perfecto. Me gusta lo que dice James Clear: «Los hábitos son comportamientos que repetimos constantemente. Sin embargo, no son comportamientos que repetimos perfectamente». Esta pequeña idea —que la constancia no requiere perfección— es importante».[2]

El mundo no se va a acabar si faltas un día. No te juzgues. Si fallas hoy, vuelve a empezar con tu hábito mañana. Al final lo conseguirás si son más los días que ganas que los que no, ¿verdad? Si practicas tu hábito, no de forma perfecta, pero sí de forma constante, llegarás a tu meta.

Deja de centrarte en la meta. Haz que practicar el hábito sea tu victoria. Obsesiónate con el proceso, recordándote siempre a ti mismo:

Estoy entrenando.

Tardaré algún tiempo en llegar a donde quiero, pero cada día estoy más cerca.

Cada día que practico mi hábito, gano.

Eso es el éxito.

Ejercicio 11

Quiero que hagas el ejercicio que te presenté al principio de este capítulo. Repite la plantilla tantas veces como necesites.

Te recordaré uno de los ejemplos:

Meta: acercarte a Dios.

Hábito a comenzar: leer la Biblia todos los días o asistir a un estudio bíblico en un grupo pequeño.

Hábito a abandonar: posponer la alarma del despertador en la mañana o planear cosas durante el fin de semana que impidan asistir a la iglesia.

Meta:

Hábito a comenzar:

Hábito a abandonar:

Completa esta frase.

Cuando tengo un día en el que no gano, para mantenerme en el camino me comprometo a:

Ejemplos: No faltar más de un día, avisarle al compañero a quien le rindo cuentas.

Principio 11

Haz que practicar tu hábito sea tu victoria.

No tienes que ganar todos los días para ganar.

Vale más terminar algo que empezarlo. Vale más la paciencia que el orgullo.

—Eclesiastés 7:8, NTV

2.5 Estoy entrenando

Ya te conté una de mis primeras rodadas de jiu jitsu, cuando desafié sin saberlo a un cinturón superior que me castigó en la cara por faltarle al respeto.

Pues bien, aquí está el resto de la historia:

Después de esa primera pelea, empecé a ganar. Y a ganar. Y a ganar. Rodé contra un campeón de lucha y gané. Me enfrenté a cinturones negros y gané. Desafié a mi entrenador (que tiene una medalla de oro de una competencia mundial de jiu jitsu) y gané.

Bueno, no exactamente.

Si me hubieras visto, dirías que me patearon el trasero cada vez. Me ganó un luchador universitario de la NCAA de 220 libras. (Es posible que me haya fustigado un niño de catorce años que pesaba como mínimo cincuenta libras menos que yo, pero no hay testigos que lo demuestren). Me inmovilizaron, asfixiaron, aplastaron y retorcieron en posiciones inusualmente incómodas con otros chicos. Resulta que esas posiciones son horriblemente dolorosas y resulta imposible escapar de ellas.

Desde tu punto de vista, si vieras a un tipo enorme sentado sobre mi cabeza o me observaras a mí dando palmadas repetidas para rendirme, dirías que estaba perdiendo. Y perdiendo. Y perdiendo. Sin embargo, yo diría que estaba ganando. Y ganando. Y ganando. ¿Por qué?

Empecé con el jiu jitsu a la edad de cincuenta y dos años. Ahora tengo tres rayas en mi cinturón blanco y me estoy acercando a cuatro. Porque sigo practicando. Mi confianza sigue aumentando. Y a medida que mi confianza crece, por la naturaleza del código del deporte, también crece mi humildad.[1]

Mi mente es más aguda. Sigo mejorando mis habilidades, incluyendo todos esos agarres locos. (Hoy en día mis pantalones casi nunca se caen a mitad de la pelea).

Independientemente de lo que parezcan los resultados en las colchonetas, no estoy perdiendo. Estoy ganando. Porque estoy entrenando.

Este es un buen momento para detenerte y recordarte a ti mismo: *Estoy entrenando. Me tomará algún tiempo llegar a donde quiero, pero cada día estoy más cerca. Y cada día que practico mi hábito, gano. Eso es el éxito para mí.*

«Estoy entrenando» es una frase importante para el cambio.

Practicas constantemente tu hábito estratégico. Todavía no has alcanzado tu meta. Sin embargo, sigues corriendo con un propósito, sabiendo que: «Estoy entrenando».

> **Estoy entrenando.**

Esto conecta de nuevo con la idea del *quién antes del hacer* acerca de que la identidad impulsa el comportamiento.

Cuando estoy intentando, es como si me mantuviera esperando convertirme en algo que no soy. ¡Pero cuando estoy entrenando, sigo mejorando en lo que ya soy!

No lo estoy intentando. ¡Estoy entrenando!

- «No estamos tratando de tener un mejor matrimonio. El nuestro es un gran matrimonio en entrenamiento».
- «Ah, no gracias, no puedo comer una rosquilla. Estoy entrenando».
- «Tuve un desliz, entré a Instagram y comparé lo que tienen los demás con lo que yo tengo. Pero sé que no soy así. ¡Soy alguien satisfecho y que no compara en entrenamiento!».

- «No, no podemos dormir hasta tarde y faltar a la iglesia. Estamos en un entrenamiento espiritual».
- «Estoy solo; podría mirar porno. Pero no lo haré, porque estoy entrenando».
- «Es posible que nunca sea tan maduro espiritualmente como el líder de mi grupo pequeño, pero estoy entrenando para convertirme en la persona que Dios tenía en mente que fuera cuando me creó».

Entonces, ¿qué vamos a hacer?

1. *Enfocarnos en el quién antes que en el hacer.* Sabemos que la modificación de la conducta no funciona, así que nos dedicamos a la transformación de la identidad.
2. *Definir nuestras victorias.* Necesitamos la dirección de una meta para ayudarnos a empezar.
3. *Entrenar, no intentar.* Adoptaremos un hábito estratégico y renunciaremos a un hábito que necesitemos abandonar. Cada día viviremos una vida disciplinada eligiendo lo que más queremos por encima de lo que queremos ahora.

¿Puedes sentir el poder de abrazar esta nueva forma de pensar y creer en el cambio?

Te estás centrando en los aportes, no en los resultados. Este es un cambio en la trama. ¡Un cambio de juego que funciona!

Si la idea de empezar y mantener un hábito, o de ser capaz de dejar de hacer lo que sigues haciendo, suena intimidante o irrealizable, anímate; vamos a abordar eso en la tercera parte.

No obstante, ahora entiendes que no tienes que esperar seis semanas, seis meses o seis años para ganar. No tienes éxito solo cuando logras tu meta en el futuro. Tienes éxito cuando entrenas hoy. Cuando estás entrenando, estás ganando. ¡Y puedes ganar todos los días!

Es posible que no llegues a tu meta tan pronto como quieres. El ritmo de cambio quizás sea un poco más lento de lo que te gusta. Puedes tropezar algunas veces mientras caminas hacia la victoria. No obstante, el compromiso con este plan funcionará. Tendrás el poder para cambiar y verás cómo se produce un cambio real.

Tienes éxito cuando entrenas hoy.

Tendrás paz con el proceso, porque: ¡Estás entrenando!

Ejercicio 12

Utilizando las metas y los hábitos que comenzar y abandonar del ejercicio 11, completa estas frases:

Voy a dejar de intentar [espacio en blanco para rellenar] al:

Voy a empezar a entrenar al:

Para cada frase, crea un enunciado que te recuerde tu entrenamiento.

Ejemplo: No estoy intentando ser saludable. Hago ejercicio con regularidad, digo que no a los dulces y me acuesto temprano porque estoy entrenando.

Principio 12

No lo estoy intentando.

¡Me estoy entrenando!

El entrenamiento físico es bueno, pero entrenarse en la sumisión a Dios es mucho mejor, porque promete beneficios en esta vida y en la vida que viene.

—1 Timoteo 4:8, NTV

Tercera parte

Los hábitos. No la esperanza.

3.1 ¿Cambiar tu vida?
Cambia tus hábitos

Suponiendo que hoy haya sido un día normal, ¿qué hiciste?

Sé que hay muchas probabilidades de que lo que hayas hecho hoy sea muy parecido a lo que hiciste el día anterior. Y el día anterior. Y... tú captas la idea.

Probablemente tu alarma te despertó, como todos los días normales.

Fuiste al baño para eliminar líquido. Luego fuiste a la cocina a llenarte de líquido (líquido con *cafeína*). Es posible que hayas consultado tu correo electrónico o te hayas desplazado por las redes sociales mientras esperabas tu café. Si eso es lo que hiciste hoy, seguro que también lo hiciste ayer.

Tal vez después hayas hecho ejercicio, leído tu Biblia, desayunado, sintonizado las noticias o hecho alguna combinación de esas cosas. Sin importar lo que sea que hayas hecho, probablemente fue lo que siempre haces.

Luego te duchaste. (O tal vez no. ¡Si no lo hiciste, pon «bañarte» en lo alto de tu lista de tareas para mañana!).

Llevaste a cabo tareas indistintas en tu trabajo y te sentaste en reuniones indistintas con personas indistintas.

Tu trabajo se interrumpió al mediodía para almorzar. Mi corazonada es que no te desvías mucho de lo que comes en el almuerzo. Te traes de casa una de las opciones «habituales» o te diriges a uno de tus pocos restaurantes favoritos.[1]

Si te desplazas al trabajo, lo que da miedo es que no recuerdes haber conducido hasta tu casa. *Espera, ¿cómo llegué hasta aquí?*

Desarrollaste la capacidad de conducir desde el trabajo hasta tu casa con el piloto automático. (¿Por qué eso no se considera un superpoder?).

En casa, pediste comida o preparaste la cena. (Y luego te quejaste de que nadie te ayudó a cocinar. ¿Y por qué también fuiste tú quien lavó los platos?). Sin importar lo que hayas hecho —pedir comida para llevar o cocinar en casa—, supongo que es lo que casi siempre eliges.

Después de comer, probablemente te dedicaste a tu rutina nocturna. Es posible que sea bañar a los niños. O supervisar que hagan sus tareas escolares. O entrar a las redes sociales. O ver los siguientes episodios de la serie de televisión que estás viendo. Tal vez ores o lleves un diario.

Puede que hayas hecho una movida con tu cónyuge y hayas esperado lo mejor. Otra vez.

Sin importar lo que hayas hecho, lo más probable es que sea más o menos lo que hiciste ayer y lo que harás mañana.

No obstante, la uniformidad de tu rutina es la misma que la de las rutinas de todos, incluida la mía. Gran parte de lo que hacemos no es el resultado de elecciones conscientes, sino de hábitos diarios. La Universidad de Duke realizó un estudio y descubrió que el cuarenta por ciento de las acciones que realizan las personas en un día cualquiera no es el resultado de decisiones, sino de hábitos.[2] El piloto automático no es solo para las personas que vuelan aviones o conducen Teslas. Hacemos mucho de lo que hacemos porque es lo que siempre hacemos.

> **Tus elecciones crean el curso y los contornos de tu vida. Tus decisiones determinan tu destino.**

Tus elecciones crean el curso y los contornos de tu vida. Tus decisiones determinan tu destino. Y tus elecciones son menos intencionadas y más habituales de lo que crees.

Hay mucha verdad en la cita que algunos le atribuyen a Aristóteles: «Somos lo que hacemos repetidamente».[3] Eso quiere decir:

- Quién eres hoy ha sido moldeado en gran medida por tus hábitos.
- Dónde estás hoy ha sido moldeado en gran medida por tus hábitos.
- La vida que vives hoy ha sido moldeada en gran medida por tus hábitos.

Si somos sinceros, nuestra estrategia para el cambio suele estar basada y alimentada por la esperanza. «Espero conseguir el ascenso». «Espero que mis hijos empiecen a amar más a Dios». «Espero que nuestro matrimonio mejore». Sin embargo, la esperanza no es una estrategia.

Lo que nos trajo aquí no es la esperanza. Somos en gran medida quienes somos y estamos donde estamos debido a nuestros hábitos. Necesitamos dominar los hábitos que más importan. Esto significa:

- Si quieres cambiar en quién te estás convirtiendo, cambia tus hábitos.
- Si quieres cambiar hacia dónde te diriges, cambia tus hábitos.
- Si quieres cambiar tu vida, cambia tus hábitos.

Te preguntarás cómo se cambian los hábitos. Esa es una pregunta válida, ya que la mayoría de nosotros lo ha intentado y ha fracasado. Tengo buenas noticias. Cambiar tus hábitos es más fácil de lo que crees.

Ejercicio 13

Para darle un contexto personal a lo que compartí en este capítulo, escribe lo básico de tu rutina diaria. Asegúrate de escribir lo que realmente haces —tu rutina, tus rituales, tus hábitos— y no lo que desearías o esperas hacer. La meta de este ejercicio es que analices tu rutina, porque muy pocas personas se detienen a evaluar sus hábitos diarios.

Por la mañana

Al mediodía

Por la tarde

Por la noche

Principio 13

Si quieres cambiar en quién te estás convirtiendo, cambia tus hábitos.

Si quieres cambiar hacia dónde te diriges, cambia tus hábitos.

Si quieres cambiar tu vida, cambia tus hábitos.

Por eso, así como Cristo sufrió en su cuerpo, adopten también ustedes igual disposición. Pues el que ha sufrido en el cuerpo ha roto con el pecado, para vivir el resto de su vida conforme a la voluntad de Dios y no conforme a los deseos humanos.

—1 Pedro 4:1-2, DHH

3.2 Usar hilo dental me salvó la vida

Nunca subestimes cómo Dios puede comenzar algo grande a través de un pequeño hábito.

Esa ha sido una de las mayores lecciones de mi vida. Compartiré algunos ejemplos personales, incluyendo el hábito que salvó mi vida: usar hilo dental. (No, no se trata del baile de TikTok, sino el procedimiento dental real. El contexto es fundamental en estos días).

En primer lugar, quiero hablarte de Daniel. Su vida ilustra el poder de algunos principios que cambian la vida:

- Nunca subestimes cómo Dios puede empezar algo grande a través de un pequeño hábito.
- Las cosas pequeñas que nadie ve pueden conducir a los grandes resultados que todos desean.
- El éxito no ocurre por accidente, sino por los hábitos.

Daniel era un judío que vivía en Jerusalén. Como tú, lo que hacía cada nuevo día era probablemente similar a lo que había hecho el día anterior.

Supongo que se despertaba y de inmediato se tomaba su capuchino, que ya estaba listo gracias a su cafetera programable. Consultaba Facebook. Encendía la televisión para ver las noticias. Se ponía sus *jeans* apretados y su camisa abotonada para

> **Nunca subestimes cómo Dios puede comenzar algo grande a través de un pequeño hábito.**

el viernes informal en el trabajo. Se subía a su SUV y se dirigía a la ciudad.

O tal vez no. Después de «se despertaba», nada en ese último párrafo es ni remotamente exacto. Daniel vivió alrededor del año 600 a. C., antes de que la gente tuviera máquinas personales para hacer capuchinos y usara zapatillas deportivas.

Sin embargo, es cierto que, como todo el mundo, Daniel tenía días normales marcados por sus hábitos diarios. Así fue hasta el día en que los asirios invadieron Jerusalén y se llevaron a la mayoría de los habitantes a Babilonia. Daniel fue llevado y obligado a vivir en cautiverio.

Una experiencia horrible, hasta que:

El rey asirio, Nabucodonosor, eligió a los jóvenes más prometedores de entre todos los cautivos. Daniel fue uno de los elegidos en el grupo de «treinta menores de treinta años» de Nabucodonosor. El rey quería adoctrinar a estos futuros líderes apuestos, brillantes y extraordinarios a fin de que pudieran ser entrenados para servirle. Debido a su fidelidad a Dios, Daniel se negó a seguir parte del régimen de entrenamiento del rey. No obstante, lo hizo de tal manera que no perdió el respeto de nadie. Finalmente, se ganó al rey con su fenomenal perspicacia y sabiduría. «Entonces el rey Nabucodonosor se postró ante Daniel y le rindió culto, y mandó al pueblo que ofreciera sacrificios y quemara incienso dulce frente a Daniel. El rey le dijo: "En verdad tu Dios es el más grande de todos los dioses, es el Señor de los reyes, y es quien revela los misterios, porque tú pudiste revelar este secreto". Entonces el rey puso a Daniel en un puesto importante y le dio muchos regalos valiosos» (Daniel 2:46-48, NTV).

Más tarde, las acciones de Daniel llevaron al rey a depositar su fe en Dios, al menos por el momento: «Ahora, yo, Nabucodonosor, alabo, glorifico y doy honra al Rey del cielo. Todos sus actos son justos y verdaderos» (Daniel 4:37, NTV).

Finalmente, Nabucodonosor murió y su hijo Belsasar se convirtió en el nuevo rey. Belsasar no conocía realmente a Daniel (al parecer, no seguía a Daniel en Instagram). Sin embargo, se encontró con un problema que nadie podía resolver y alguien le dijo que llamara a Daniel.

Daniel se presentó y ofreció su conocimiento y comprensión, dándole al rey la respuesta que necesitaba: «Entonces Belsasar ordenó que vistieran a Daniel de púrpura y le pusieran un collar de oro al cuello, y que proclamaran acerca de él, que él tenía ahora autoridad como tercero en el reino» (Daniel 5:29).

Belsasar murió y Darío asumió el cargo de rey. Darío eligió a ciento veinte de los jóvenes más extraordinarios del país para que entraran a un programa de formación de líderes. Daniel fue seleccionado una vez más como una futura figura de influencia. Esto ya es sorprendente, pero pronto Daniel se distinguió de los otros ciento diecinueve: «Pero este mismo Daniel sobresalía entre los funcionarios y sátrapas porque había en él un espíritu extraordinario, de modo que el rey pensó ponerlo sobre todo el reino» (Daniel 6:3).

Esperamos vivir el tipo de vida que vivió Daniel. Él fue elegido y promovido en repetidas ocasiones. Influyó continuamente en las personas de maneras asombrosas en favor de Dios.

Como puedes imaginar, algunos no apreciaron todo el éxito de Daniel. Celosos de la forma en que era promovido, planearon derribarlo. Sin embargo, estos enemigos no pudieron encontrar un solo defecto o debilidad en Daniel. Desesperados por acusarlo de algo, de cualquier cosa, se dieron cuenta de que la única manera de hacerlo caer era atacando su fe en Dios.

Así que engañaron al rey para que emitiera un decreto que sabían que Daniel no obedecería. La ley establecía que una persona que orara a alguien que no fuera el rey sería arrojada al foso de los leones.

¿Cómo respondió Daniel a la prohibición de la oración por parte del rey? «Cuando Daniel oyó que se había firmado la ley, fue a su casa y se arrodilló como de costumbre en la habitación de la planta alta, con las ventanas abiertas que se orientaban hacia Jerusalén. Oraba tres veces al día, tal como siempre lo había hecho, dando gracias a su Dios» (Daniel 6:10, NTV).

¿Notaste lo de «como de costumbre», «tres veces al día» y «como siempre lo había hecho»? Daniel tenía el hábito de orar. Y ese hábito causó un impacto en cada área de su vida.

Daniel siempre se destacó. Fue tomado prisionero en su país por una nación malvada, pero terminó liderando y transformando a esa nación malvada. La gente vio a Dios en su vida y se volvió a Dios gracias a él. Cuando fue arrojado al foso de los leones por orar, se enfrentó a los leones.

Vemos eso y pensamos: *¿Qué? ¡Tuvo mucha suerte! Espero poder tener ese tipo de vida algún día.*

No. No fue suerte. Y Dios no convirtió a Daniel en una especie de superhéroe, diferente a ti y a mí.

Un hábito le dio forma a la identidad de Daniel, proporcionándole la confianza para ser la persona que Dios designó que fuera cuando lo creó y para hacer lo que Dios lo llamó a hacer.

El hábito de Daniel era orar. No una vez al día. No dos veces al día. *Tres* veces al día. Él no oraba solo cuando era conveniente o fácil. No oraba solo cuando estaba en problemas. O cuando terminaba de ver todos los buenos programas en Amazon Prime y no tenía nada mejor que hacer.

Oraba todos los días.

Tres veces al día.

Es posible que Daniel no considerara que orar tres veces al día fuera algo importante. Tal vez te preguntes por qué su práctica de la oración condujo a un impacto que cambió a una nación y a tener un libro de la Biblia dedicado a su vida. Nunca subestimes cómo Dios puede comenzar algo grande a través de un pequeño hábito.

El éxito de Daniel no ocurrió por accidente, sino gracias a sus hábitos.

Puedes preguntarte si esto fue solo un asunto de Daniel. No es así. Cuando veas a alguien que tiene algo que deseas —libertad financiera, un matrimonio feliz, una gran condición física, intimidad con Dios, influencia en el mundo—, puedes estar seguro de que el éxito no ocurrió por accidente. Sucedió por hábitos. Su triunfo no es el resultado de la suerte. No es el resultado de un momento. No ocurrió por una acción o decisión grande y audaz. Tu victoria es el resultado de practicar los hábitos estratégicos correctos, una y otra vez, día tras día.

> **Las pequeñas cosas que nadie ve pueden conducir a los grandes resultados que todos desean.**

Las pequeñas cosas que nadie ve pueden conducir a los grandes resultados que todos desean.

La esperanza no cambia tu vida. Los hábitos lo hacen. Especialmente, el hecho de dominar los hábitos que más importan.

Eso es una buena noticia. ¿Por qué?

- Porque no eres una víctima de las circunstancias.
- Porque no necesitas que algo grande ocurra por arte de magia. Si quieres que ocurra algo grande, empieza por lo pequeño.
- Porque no tienes que seguir esperando impotente el cambio. Puedes empezar y mantener hábitos que te lleven al cambio.

Esta verdad ha sido determinante en mi vida y mi liderazgo. Durante más de tres décadas, he empezado un nuevo hábito al año. La mayoría han sido pequeños y aparentemente insignificantes. Si miraras a lo largo de los más de treinta años, verías que en algunos de ellos mi nuevo hábito no funcionó. También he abandonado intencionadamente algunos hábitos a lo largo del camino. No obstante, puedo decirte con confianza que he comenzado más de veinte nuevos hábitos que ahora son una parte constante de mi vida.

No podría señalar a alguno de esos hábitos y decir: «Eso es lo que me ha hecho estar cerca de Dios, ser un gran marido para Amy, un buen padre para mis hijos y un líder eficaz». Sin embargo, en conjunto, estos hábitos han corregido la forma en que me veo a mí mismo y cómo trato a las personas. Han renovado mi mente y revivido mi confianza espiritual. Han cambiado mi cuerpo y mi postura. Mi vida se ha transformado, y todo eso ha sucedido un pequeño hábito a la vez.

Los siguientes son algunos ejemplos.

El primer hábito que establecí fue el uso del hilo dental. (Recuerda: no hablo del movimiento de baile. Pero ese puede ser mi nuevo hábito para el próximo año. O bailes como el «Whip». O el «Dougie»). La primera disciplina diaria a la que me comprometí fue con el uso del hilo dental. ¿Por qué? Porque odio usar el hilo dental. Necesitaba empezar a usar el hilo dental para convencerme de que soy una persona que elige lo que es correcto por encima de lo que es conveniente. Aunque suene extraño, el uso del hilo dental me ayudó a introducir y establecer mi identidad como una persona disciplinada. A partir de esa base, empecé a añadir un nuevo hábito estratégico al año.

Cuando me convertí en cristiano por primera vez, quería a toda costa estar cerca de Dios. Sabía que nadie llega por casualidad a la intimidad con Dios. *¿Cómo sucedió esto? ¡Estaba sentado jugando al Candy Crush y ahora estoy unido a Jesús y lleno de fortaleza espiritual!* La esperanza no haría crecer mi relación con Dios. Los hábitos lo harían. Así que me comprometí con la disciplina del diezmo. Cada vez que Dios me bendice con un aumento financiero, lo pongo en primer lugar devolviendo al menos el diez por ciento.

A lo largo de los años, el diezmo ha sido un recordatorio constante de que Dios es mi proveedor y la fuente de todas las cosas buenas en mi vida. (Lo que muchas veces pensamos que es acerca del dinero nunca es realmente sobre el dinero. El diezmo no es una excepción).

Cuando Amy y yo éramos novios decidimos que adoraríamos a Dios cada semana en la iglesia. Lo hemos hecho. Te prometo que nunca ha habido una conversación en mi casa en la que alguien haya preguntado: «¿Vamos a ir a la iglesia este fin de semana?». Mis hijos te dirán que normalmente encontramos una iglesia a la cual asistir incluso cuando estamos de vacaciones. ¿Por qué? Eso es lo que somos: el pueblo de Dios. Y es en lo que queremos convertirnos: en personas que siempre ponen a Dios en primer lugar.

Otro hábito de los primeros surgió porque yo sabía que la Palabra de Dios contenía la verdad que me liberaría. Así que decidí leer la Biblia todos los días. (Si te sientes un poco culpable debido a que no lo haces, ten en cuenta que el hecho de que haya decidido hacerlo significa que hubo un tiempo en que no lo hice). Empecé a leer la Biblia a diario. Un año, decidí leerla de principio a fin. Ahora he leído la Biblia de principio a fin cada año durante unas dos décadas. Mi hábito de leer la Biblia cada día se convirtió en un hábito de leer toda la Biblia cada año.

Un año, elegí llevar un diario como mi nuevo hábito. Sin embargo, fracasé. Empecé de nuevo otro año. Volví a fracasar. Entonces encontré un diario de cinco años en el que se escriben solo cinco líneas al día. Eso funcionó para mí. Desde entonces, he anotado cinco líneas de lo que Dios está haciendo en mi vida. Si hay un día que quiero escribir más, fantástico, pero el hábito es de cinco líneas al día.

No solía orar con mi esposa. Había varias razones. Una era que Amy tarda unos cuarenta y cinco minutos en aclimatarse. No le digas que dije esto, pero era como si pensara: *Ponte para eso, Amy*. (Estoy bastante seguro de que Dios también decía: *Ponte para eso, Amy*). Otra razón era que yo era perezoso. Así que no orábamos juntos, pero sabíamos que debíamos hacerlo.

Un año establecimos un nuevo hábito: antes de que yo salga a trabajar, unimos nuestras manos y elevamos una breve oración. (Amy puede orar otros cuarenta y cuatro minutos después de que me vaya si quiere). Aunque es corta, es una oración poderosa. Descubrimos cómo establecer el hábito de una manera que funcionara para ambos.

Un año, me di cuenta de algunos pensamientos erróneos e inseguridades personales. Escribí una lista de declaraciones, basadas en la verdad de Dios, que contrarrestaban las mentiras que me sentía tentado a creer. (Puedes ver estas declaraciones y aprender a desarrollar las tuyas propias en mi libro *Gana la guerra en tu mente*). Establecí el nuevo hábito de leer esas declaraciones en voz alta todos los días.

Algunos años elegí hábitos relacionados con la salud. Solía tomar más refrescos Dr Pepper y Mountain Dew que una pista de carreras llena de aficionados a la NASCAR en un caluroso sábado de Texas. Un año, decidí dejar de tomar refrescos y tomar solo agua. Otro año, decidí limitarme a un postre a la semana.

Podría contarte más, pero todo se remonta al único hábito que creo que hizo posible todos mis hábitos: el uso del hilo dental. En su libro *El poder del hábito*, Charles Duhigg escribe sobre un «hábito clave». Él señala cómo ciertos hábitos te impulsan a establecer otros.[1] Creo que el hecho de que Daniel orara tres veces al día era un hábito clave. La oración diaria creó el impulso para otras disciplinas que honran a Dios y lo ayudó a convertirse en la persona que debía ser.

Mi hábito clave fue el uso del hilo dental. Esto puede parecer una tontería. Sin embargo, cuando uso el hilo dental, me digo a mí mismo que soy disciplinado. Por lo tanto, debido a que soy disciplinado, me voy a la cama a tiempo, me levanto a tiempo, llevo a cabo mi plan de lectura de la Biblia, voy al trabajo, tengo un día productivo, hago ejercicio, llego a casa de buen humor y beso a mi esposa, lo cual es la razón por la que tenemos seis hijos. (¿Me das un amén?)

Si no uso el hilo dental, no me siento disciplinado. Por lo tanto, como no me siento disciplinado, me quedo despierto hasta muy tarde en la noche, aplazo la alarma del despertador en la mañana, no tengo tiempo para cumplir mi plan de lectura bíblica, me apresuro al trabajo, no soy productivo, así que tengo un mal día, me quedo hasta tarde y no hago ejercicio. Sé que Amy se enojará conmigo, así que acelero en el auto a casa, un oficial de policía trata de detenerme y yo no quiero una multa, de modo que trato de dejarlos atrás y, después de una larga persecución en auto, finalmente me capturan y me meten en la cárcel. ¿Por qué? Porque no me apliqué el hilo dental.

Obviamente estoy exagerando, pero la realidad para mí es que el uso del hilo dental ha cambiado mi vida. El uso del hilo dental fue la primera ficha de dominó que inició una reacción en cadena de treinta años de creación de hábitos. Como dije, algunos años no fueron tan exitosos, pero en general la disciplina de los hábitos comenzó, así como el hábito de la disciplina.

Recuerda que haces lo que haces debido a lo que piensas de ti. Yo solía pensar que no era una persona disciplinada. Había muchas pruebas que corroboraban esa creencia. El uso del hilo dental me demostró que soy disciplinado.

Tú también eres disciplinado. Hay muchas cosas que haces cada día. Hábitos que has establecido. Eso se debe a que eres disciplinado. Es posible que actualmente tengas hábitos equivocados. Pero puedes cambiarlos. Por ahora, date cuenta de que eres disciplinado y has estado estableciendo nuevos hábitos toda tu vida.

Ahora vamos a:

1. Ser intencionales con los hábitos que queremos iniciar.
2. Ser intencionales con los hábitos que necesitamos dejar.

Elegir los hábitos correctos cambiará tu vida. De hecho, así es exactamente como se cambia la vida. Con los hábitos, no con la esperanza. Cambia tus hábitos. Cambia tu vida.

Entonces, ¿cuál es tu hilo dental? ¿Cuál es tu primera ficha de dominó? ¿Cuál es tu hábito que sirve de entrada hacia el cambio?

Te voy a animar a que elijas un pequeño hábito que sea fácil de empezar. ¿Pequeño? ¿Fácil? Sí. No obstante, nunca subestimes cómo Dios puede comenzar algo grande a través de un pequeño hábito. Y recuerda: las cosas pequeñas que nadie ve pueden conducir a los grandes resultados que todos desean.

Ejercicio 14

Ya que estamos hablando de dominar los hábitos que más importan, ¿cuál es el primer hábito que puedes establecer y que podría conducir a tu mayor victoria? Si es necesario, vuelve a ver los ejemplos de este capítulo.

Principio 14

Nunca subestimes cómo Dios puede empezar algo grande a través de un pequeño hábito.

Las cosas pequeñas que nadie ve pueden conducir a los grandes resultados que todos desean.

El éxito no ocurre por accidente, sino por los hábitos.

Si son fieles en las cosas pequeñas, serán fieles en las grandes.

—Lucas 16:10, NTV

3.3 El ciclo

Quiero hablarte de Sadie. La conozco desde hace años. Es bastante bajita y tiene el pelo castaño. Sadie siempre me ha impresionado por su inteligencia y su actitud positiva. Desgraciadamente, sigue haciendo caca en nuestro patio.

Sadie es la perra de nuestra familia (tal vez debería haber empezado diciendo eso). Es muy lista y le encanta la rutina. Cada vez que agarro el recipiente de la basura y empiezo a llevarlo por nuestro largo camino de entrada, ella salta de emoción. A continuación, encabeza el camino para ahuyentar a cualquier depredador. (Al menos eso es lo que pienso que ella cree que está haciendo).

Cuando la saco por la puerta trasera, se sienta inmediatamente en la terraza y espera a que la cepillen. Como nuestro patio no tiene cerca, solía ponerle una correa para llevarla a nuestro pequeño corral para perros. Sin embargo, ahora todo lo que tengo que hacer es mostrarle la correa y ella corre a toda velocidad a su corral, se echa y espera a que yo cierre la puerta.

Sadie sigue rutinas predecibles basadas en señales visuales.

Nosotros tendemos a hacer lo mismo. Al igual que Sadie, somos animales de costumbres. Respondemos a señales sencillas.

Y si queremos iniciar hábitos saludables y dejar los perjudiciales, primero tenemos que asegurarnos de entender cómo funcionan los hábitos.

¿Qué es un hábito?

Un hábito es básicamente el piloto automático del comportamiento.

Los hábitos funcionan con la forma en que funciona tu cerebro. Tu cerebro está diseñado para conservar la energía, queriendo que las cosas sean fáciles. Por eso a tu cerebro le encantan los hábitos. Los hábitos te permiten actuar sin pensar. Un hábito permite que el comportamiento bueno o malo ocurra sin que tu cerebro tenga que hacerse cargo. (Al igual que para Sadie el recipiente de la basura significa un paseo por el camino de entrada, la puerta de atrás significa ser cepillada y la correa significa entrar a su corral).

Hacemos cosas sin tener que pensar en ellas. Hacemos cosas sin tener que decidir hacerlas. Como lavarse los dientes. Cuando te cepillas los dientes, no estás pensando: *Bueno, voy a empujar este cepillo de dientes hacia arriba. ¡Sí! ¡Eso ha funcionado! ¿Ahora hacia abajo? Sí, hacia abajo. ¿Y tal vez hacia arriba otra vez? Ah, ah, creo que sí. Y abajo. Ahora cambiemos hacia arriba. ¡Empuja a la derecha! ¡A la izquierda!* No. Te cepillas los dientes con el piloto automático del comportamiento. No piensas en ello, simplemente lo haces.

Un hábito es un comportamiento en el que caes automáticamente sin que tu cerebro participe de forma plena en la toma de decisiones.

> **Un hábito permite que el comportamiento bueno o malo ocurra sin que tu cerebro tenga que hacerse cargo.**

¿Cómo nacen los hábitos?

La mayoría de los expertos dicen que establecemos los hábitos a través de un ciclo de tres pasos:

1. Señal
2. Respuesta
3. Recompensa

Personalmente, me gusta el cuarto paso que James Clear añade:

1. Señal
2. Anhelo
3. Respuesta
4. Recompensa[1]

La *señal* es un desencadenante que le avisa a tu cerebro para que entre en piloto automático y se comprometa con el hábito.

El *anhelo* es la necesidad física, mental o emocional que la señal te lleva a querer satisfacer.

La *respuesta* es el comportamiento en el que caes habitualmente.

La *recompensa* es cómo te hace sentir el comportamiento.

Si el comportamiento te produce placer, tu cerebro decide que es un ciclo que vale la pena recordar para el futuro.[2] En la próxima ocasión que aparezca la señal, tu cerebro te dirá: «¡Oye, tonto! Conozco una forma de sentirnos bien ahora mismo», y te llevará al comportamiento que funcionó la última vez. Si se repite el mismo ciclo —señal, anhelo, respuesta, recompensa— suficientes veces, el proceso se volverá automático. La señal creará una poderosa sensación de anticipación. La señal y la recompensa se entrelazarán. Nacerá un hábito.

Estos son algunos ejemplos de ciclos de malos hábitos:

> Si se repite el mismo ciclo —señal, anhelo, respuesta, recompensa— suficientes veces, el proceso se volverá automático.

- Señal: unos minutos de inactividad
  - ▸ Anhelo: entretenimiento
  - ▸ Respuesta: entrar a las redes sociales desde tu teléfono
  - ▸ Recompensa: descarga de dopamina en el cerebro
- Señal: un día duro de trabajo
  - ▸ Anhelo: alivio del estrés
  - ▸ Respuesta: beber alcohol
  - ▸ Recompensa: escapar pensando en el imbécil de tu jefe
- Señal: pasar por un local de comida rápida de camino a casa
  - ▸ Anhelo: comida con grasa y reconfortante.
  - ▸ Respuesta: recoger la comida en el autoservicio y engullirla en el auto (la forma en que Dios quiere que comamos)
  - ▸ Recompensa: otra descarga de dopamina que se siente bien

Conoce tus señales

Para comenzar y renunciar a los hábitos de forma eficaz, necesitamos entender cómo funcionan las señales (o desencadenantes) e identificar las nuestras.

Los estudios demuestran que hay cinco categorías principales de desencadenantes:

1. LUGAR

Un lugar puede ser la señal que inicia un ciclo de hábitos. Por ejemplo, es posible que te resulte más fácil estar agradecido y concentrado en la oración cuando te encuentras en una iglesia. Por el contrario, es probable que no te sientas tentado a fumar hierba cuando estás en una iglesia.

2. TIEMPO

Ciertas horas pueden desencadenar determinados comportamientos. Tal vez te sientas inspirado a hacer ejercicio temprano en la mañana. Es posible que tengas tendencia a preocuparte cuando te acuestas por la noche.

El tiempo y el lugar son muy importantes. Cuando creemos un plan para establecer nuevos hábitos y abandonar los antiguos, el tiempo y el lugar serán esenciales.

Esta es nuestra estrategia:

1. Crearemos desencadenantes de tiempo y lugar para iniciar un buen hábito.
2. Eliminaremos los desencadenantes de tiempo y lugar para abandonar un mal hábito.

3. ESTADO DE ÁNIMO

El estado de ánimo puede provocar anhelos y llevarnos a comportamientos. Es posible que tengas un buen estado de ánimo que desencadene buenos hábitos. También eres más propenso a la tentación y a practicar hábitos poco saludables cuando estás de mal humor. Los expertos dicen que tenemos que hacer un alto cuando vemos que se acerca un estado de ánimo que nos hace vulnerables; por ejemplo, estar hambriento, enojado, solitario y cansado. Si examinas tu vida y encuentras los hábitos autodestructivos, verás que a menudo ocurren cuando estás hambriento (hambriento + enojado), solo o agotado.

4. MOMENTOS

La cuarta categoría principal de las señales es los momentos. Ciertos tipos de momentos lanzan ciclos de hábitos específicos. Si te peleas con tu pareja, inmediatamente llamas a un amigo para quejarte. Apruebas el examen en la escuela y te emborrachas para celebrarlo. Sientes desaprobación, así que vas por un pote de helado y una cuchara.

5. PERSONAS

El último tipo de desencadenante son las personas. ¿La mala noticia? Las personas erróneas pueden ser pistas que nos lleven en la dirección equivocada. La buena noticia es que las personas correctas pueden desencadenar un comportamiento correcto. Los estudios demuestran que mientras más te acerques a alguien, más probable es que tengas los mismos hábitos.

En un estudio, los investigadores siguieron a doce mil personas durante treinta y dos años. Descubrieron que las personas tienen un cincuenta y siete por ciento más de probabilidades de tener sobrepeso si tienen un amigo con un sobrepeso considerable. Los investigadores también descubrieron que cuando una persona pierde una cantidad considerable de peso, uno de sus tres amigos más cercanos también lo hará.[3] Las personas con las que nos juntamos moldean nuestros hábitos. Dios nos lo dijo mucho antes de que los estudios lo confirmaran. Proverbios 13:20 afirma: «Camina con sabios y te harás sabio; júntate con necios y te meterás en dificultades» (NTV), y 1 Corintios 15:33 señala: «No se dejen engañar: "Las malas compañías corrompen las buenas costumbres"».

■ ■ ■

Así que es hora de repasar.

Un hábito es básicamente el piloto automático del comportamiento.

Un hábito se establece repitiendo un ciclo de cuatro pasos: señal, anhelo, respuesta, recompensa.

Es conveniente que entendamos las señales e identifiquemos las que pueden desencadenar nuestros hábitos.

¿Entendiste?

Si es así, estamos listos para comenzar algunos hábitos estratégicos y renunciar a otros autodestructivos.

Ejercicio 15

Mientras trabajas en los cinco principales desencadenantes/señales, haz una lista de los aspectos positivos y negativos de cada uno de ellos en tu vida actual. Recuerda que se trata de descubrir tendencias constantes, no incidentes aislados.

1. LUGARES:

Lugares que provocan una respuesta positiva:

Lugares que provocan una respuesta negativa:

2. TIEMPOS

Tiempos que provocan una respuesta positiva:

Tiempos que provocan una respuesta negativa:

3. ESTADOS DE ÁNIMO

Estados de ánimo que provocan una respuesta positiva:

Estados de ánimo que provocan una respuesta negativa:

4. MOMENTOS

Momentos que provocan una respuesta positiva:

Momentos que provocan una respuesta negativa:

5. PERSONAS

Personas que provocan una respuesta positiva:

Personas que provocan una respuesta negativa:

Principio 15

Un hábito es básicamente un piloto automático del comportamiento que nace del proceso de señal, anhelo, respuesta y recompensa.

Camina con sabios y te harás sabio; júntate con necios y te meterás en dificultades.

—Proverbios 13:20

3.4 El arte del comienzo

Tal vez no tengas un historial estelar a la hora de establecer nuevos hábitos. Vamos a cambiar eso. Teniendo en cuenta la persona en la que quieres convertirte, ¿cuál es el hábito que necesitas comenzar?

¿Cómo se puede iniciar y mantener con éxito un nuevo hábito?

Primero, haz que tu hábito sea evidente

Tendemos a hacer no lo que es mejor, sino lo que es más evidente. Lo más fácil de elegir es lo que está frente a ti.

Así que si quieres establecer un nuevo hábito, hazlo evidente.

La forma más sencilla y poderosa de hacerlo es visualmente. Vas a establecer «desencadenantes de acción». Para cambiar lo que haces, tienes que cambiar lo que ves.

¿Quieres tomar más agua? Pon tu gigantesca botella de agua en la encimera, donde la verás todos los días.

¿Quieres comer más vegetales? Coloca esas zanahorias en la parte delantera del refrigerador para que sean lo primero que veas al abrir la puerta. ¡Quieres que tus zanahorias te saluden con toda su gloria naranja!

¿Quieres leer la Biblia todos los días? Coloca tu Biblia en tu mesita de noche. O elige un plan de lectura de la Biblia de YouVersion en línea y pon la aplicación en tu pantalla de inicio.

Esto puede parecer obvio, pero la mayoría de las personas no siguen esos sencillos pasos. Por eso les cuesta establecer nuevos hábitos.

En su libro *Cambia el chip: cómo afrontar cambios que parecen imposibles*, Chip Heath y Dan Heath comparten una investigación sobre lo importante que es «ajustar el entorno». Ellos escriben: «Muchas personas han descubierto que, cuando se trata de cambiar su propio comportamiento, los ajustes del entorno le ganan siempre al autocontrol». ¿Ajustes del entorno? Sugieren utilizar un plato más pequeño si quieres comer menos, sacar las zapatillas y la ropa deportiva la noche anterior si quieres trotar a la mañana siguiente, y poner la cafetera para que se prepare automáticamente a la hora de levantarte de modo que el aroma te ayude a combatir las ganas de aplazar la alarma del reloj despertador.[1]

Es increíble que un esfuerzo tan sencillo pueda producir una diferencia tan grande.

Un pequeño cambio en lo que ves puede provocar un gran cambio en lo que haces. En *Hábitos atómicos*, James Clear escribe: «No tienes que ser la víctima de tu entorno. También puedes ser el arquitecto de él».[2]

> **Un pequeño cambio en lo que ves puede provocar un gran cambio en lo que haces.**

Por ejemplo, yo le doy prioridad a tomar mis suplementos a primera hora de la mañana. Tomar mis suplementos me da una ventaja mental. Me ayuda a trabajar más duro *y* de forma más inteligente, lo que me permite terminar mi trabajo a tiempo para ir al gimnasio antes de volver a casa. Hacer ejercicio me hace sentir positivo, fuerte y saludable. Esa actitud se traslada a mi relación con Amy y mis hijos.

Necesito tomar mis suplementos todos los días. ¿Adivinas dónde los pongo? Justo en la encimera, donde no puedo pasarlos por alto. Igual que hacen los corredores con sus implementos la noche anterior. Es un hábito atómico. Soy el arquitecto de mi entorno, y lo diseño para que me ayude a conseguir mi victoria.

Así que puedes hacer que tu nuevo hábito sea visualmente obvio estableciendo desencadenantes de acciones.

También puedes hacerlo evidente preestableciendo tus decisiones.

Los científicos del comportamiento de Gran Bretaña realizaron otro estudio con un par de cientos de personas que querían empezar a hacer ejercicio. Dividieron a las personas en tres grupos. El primer grupo se comprometió a hacer ejercicio. El segundo grupo se comprometió a hacer ejercicio y a leer una gran cantidad de material sobre los beneficios de ejercitarse. El tercer grupo se comprometió a hacer ejercicio y a elegir el día, la hora y el lugar en que lo harían. Solo el treinta y seis por ciento de los integrantes de los dos primeros grupos cumplió su compromiso. ¡Sin embargo, el noventa y uno por ciento de los del tercer grupo sí cumplió su compromiso![3]

¿Entendiste? Apenas un tercio de las personas de los dos primeros grupos lo consiguieron, pero más de nueve de cada diez que se comprometieron con una hora y un lugar cumplieron sus metas.

¿Por qué? Ellos hicieron que sus metas fueran obvias al preestablecer sus decisiones de antemano. Recuerda que tu cerebro está programado para conservar energía. No le gusta pensar en las opciones. Si tiene que hacerlo, lo dejará. Y tú no quieres que tu perezoso cerebro tenga que trabajar en todo eso. Así que decide de antemano cuándo y dónde practicarás tu nuevo hábito.

Los expertos explican que la mayoría de las personas cree que les falta motivación cuando lo que realmente les falta es claridad.

Decide por adelantado. Por ejemplo:

- ¿Quieres orar más? ¡Fantástico! ¿Cuándo y dónde?
  - «Oraré cada mañana después de tomar mi café, en la terraza, durante diez minutos».
- ¿Quieres salir más con tu cónyuge? Genial. ¿Cuándo y dónde?

- ► «Saldremos a cenar todos los viernes por la noche tan pronto llegue la niñera».
- ■ ¿Quieres ser una persona más alentadora? Podrías establecer un desencadenante visual de la acción colocando una pila de tarjetas de notas en tu escritorio donde las veas. Luego preestablece cuándo y dónde lo harás.
  - ► «Le escribiré una tarjeta al día a alguien, y será lo primero que haga después de llegar al trabajo».

Puedes hacerlo aún más evidente vinculando tu nuevo hábito a algo que ya haces. Así que crea un hábito escribiendo una declaración parecida a esta: Voy a _____después de _____

Daniel oraba tres veces al día. Su declaración podría haber sido: «Oraré después de tomar mi café matutino». «Oraré después de comer mi sándwich». (Nota: ¡En su caso, *no* habría sido un sándwich de jamón!).

Para iniciar el hábito de ejercitarte, podrías decidir: «Después de acostar a mis hijos, haré una plancha por treinta segundos».

Si quieres leer más, podrías decidir: «Después de irme a la cama, leeré antes de dormir». Para que sea aún más evidente, coloca tu libro sobre la almohada cada mañana. Así lo verás cuando estés a punto de meterte en la cama por la noche.

Los habitólogos[4] le llaman a la conexión de un nuevo hábito con un hábito actual «apilamiento de hábitos». Esto es especialmente útil debido a la forma en que funciona tu cerebro. El cerebro crea conexiones entre las neuronas que se utilizan con frecuencia. El cerebro elimina las conexiones entre las neuronas que no se utilizan. (Este proceso se denomina a veces «poda sináptica»). Esas conexiones eliminadas o «podadas» son la razón por la que es tan difícil recordar algo que rara vez se hace y tan difícil empezar a hacerlo. Las conexiones establecidas son el motivo por el que te resulta tan fácil recordar las cosas que haces frecuentemente y realizarlas.

Por ejemplo, tal vez has preparado café todas las mañanas durante años. Es algo fácil de realizar y no te olvidas de hacerlo. Digamos que nunca has leído la Biblia. Sin embargo, ahora quieres leerla cada mañana. Será un reto hacerlo y será fácil olvidarlo. Así que conecta tu nuevo hábito de leer la Biblia con tu hábito establecido de preparar y tomar café. «Leeré la Biblia mientras me tomo el café».

Una de las formas en que he establecido nuevas disciplinas a lo largo de los años es vinculando una con otra. Por ejemplo, esta es mi rutina matutina:

1. La alarma suena y me despierto.
2. Voy al baño. (No es un hábito elegido, pero hay que hacer lo que hay que hacer).
3. Después de ir al baño, llevo a cabo mi plan de lectura bíblica.
4. Después de cumplir mi plan de lectura bíblica, oro.
5. Después de orar, leo mis declaraciones diarias.
6. Después de leer mis declaraciones diarias, preparo mi avena y le agrego doce arándanos. (¡Algunos días me vuelvo loco y le echo hasta quince!).
7. Después de comer la avena (y los arándanos), tomo mis suplementos.
8. Después de los suplementos, me doy una ducha.
9. Después de la ducha, me afeito.
10. Después de afeitarme, me visto.
11. Después de vestirme, oro con Amy.
12. Después de orar con Amy, me voy al trabajo.

Observa cómo mis hábitos de crecimiento espiritual —lectura de la Biblia, oración, declaraciones, oración con mi esposa— están entretejidos en mi rutina matutina de «prepararme». Casi todas las actividades de mi rutina matinal son hábitos que, en algún momento, no practiqué. No obstante, luego decidí empezar a hacerlos. Fui capaz de establecer los hábitos haciéndolos evidentes y apilándolos sobre otros hábitos que ya estaba haciendo.

¿Cómo se puede iniciar y mantener con éxito un nuevo hábito? Primero, haz que tu hábito sea evidente.

Segundo, haz que tu hábito sea atractivo

La razón por la que haces la mayor parte de lo que haces es porque se siente bien. El comportamiento causa que tu cerebro libere dopamina, la hormona del «bienestar». Por eso es difícil no hacer las cosas que sigues haciendo. Te vuelves adicto a esa descarga de dopamina.

Entonces, ¿cómo puedes lograr que eso funcione para ti?

Haz que lo que quieras empezar a hacer sea atractivo. Mientras más placentero lo vuelvas, más probable será que sigas haciéndolo.

Si quieres hacer ejercicio, pero detestas correr, probablemente eso no sea lo que debas elegir. ¿Qué ejercicio te parece más agradable? ¿Levantar pesas en el gimnasio? ¿Jugar *pickleball*? ¿Andar en bicicleta? ¿Hacer flexiones y abdominales? ¿Perseguir a una gallina por el patio trasero con la banda sonora de *Rocky* a todo volumen en el parlante? Es más probable que practiques tu hábito si no detestas hacerlo. Así que haz que tu hábito sea atractivo.

Digamos que tu victoria es acercarte a Dios. Decides que el hábito estratégico para lograrlo es dedicar un tiempo a la oración y la lectura de la Biblia todos los días. Por cierto, creo que estos son hábitos esenciales para *todos*.

> **Es más probable que practiques tu hábito si no detestas hacerlo.**

Jesús dijo: «Yo soy la vid, ustedes los sarmientos; el que permanece en Mí y

Yo en él, ese da mucho fruto, porque separados de Mí nada pueden hacer» (Juan 15:5).

A fin de dar fruto espiritual, Jesús dijo que tenemos que estar conectados con Él, estar en comunicación con Él y tener intimidad con Él. Si lo haces, tu vida será productiva. Crecerás. Pero si no estás conectado, no te comunicas, no tienes intimidad, no pasará nada. Te faltará fruto y productividad. He comprobado que esto es absolutamente cierto en mi vida.

También seguimos su ejemplo para acercarnos a Dios. Marcos 1:35 revela uno de los hábitos evidentes de Jesús: «Levantándose muy de mañana, cuando todavía estaba oscuro, Jesús salió y fue a un lugar solitario, y allí oraba».

Así que para establecer el hábito diario de orar y leer la Biblia, tú:

- Lo harás evidente
- Establecerás un desencadenante visual de la acción
- Decidirás cuándo hacerlo
- Vincularás el nuevo hábito con un hábito establecido
- Decidirás dónde vas a orar y leer
- Harás que tu hábito sea atractivo

Hazlo de modo que no quieras perdértelo.

Para ello podrías practicar el hábito sentado en tu silla favorita, frente a tu ventana con la mejor vista, tomando el café más delicioso que puedas pagar. Podrías poner un poco de música de adoración si te gusta. O escribir tus oraciones en un diario si te parece agradable. O utilizar marcadores de diferentes colores para marcar palabras o versículos importantes de la Biblia si te parece divertido. Si detestas la música o escribir en un diario, o si crees que los marcadores de colores se hacen en una fábrica en el infierno, entonces no hagas estas cosas.

Cualquiera que sea el nuevo hábito que quieras adquirir, haz que sea atractivo.

Tercero, haz que tu hábito sea fácil

Advertencia: estamos a punto de ponernos raros. (Como si no lo hubiéramos hecho ya, pero estoy a un paso de dejarte sin palabras).

Recuerda que tu cerebro considera que la energía es preciosa y está diseñado para conservarla. Si algo parece difícil y desafiante, es probable que tu cerebro opte por no hacerlo.

Eso es tomar el «camino de la menor resistencia». Cuando se trata de nuestros comportamientos y hábitos, con frecuencia se llama la «ley del menor esfuerzo». Básicamente, cuando te enfrentas a diversas opciones, tu cerebro quiere que hagas la que te cueste menos trabajo. No quieres estar en una batalla campal con tu cerebro, de modo que haz que tu hábito sea fácil. Así será más probable que lo practiques incluso cuando no te apetezca.

De hecho —esta es la parte que te va a dejar boquiabierto—, los expertos nos dicen que cuando empiezas un nuevo hábito, debería tomarte *menos de dos minutos* practicarlo.[5]

¿En serio? Sí.

Así que ellos dirían que en lugar de intentar empezar el hábito de «leer antes de dormir», tu nuevo hábito debería ser «leer una página antes de dormir». En lugar de «correr tres kilómetros», tu nuevo hábito debería ser «correr durante dos minutos».

Tal vez tú y tu cónyuge siempre han querido orar juntos. Lo han intentado, pero se han sentido incómodos, así que dejaron de hacerlo.

¿Cómo puedes iniciar el hábito? Haz que sea fácil. Crea el hábito de darle gracias a Dios juntos por una cosa cada día. Solo una cosa. Tómense de las manos y luego cada uno de ustedes agradézcale a Dios por una bendición. «Dios, gracias porque mi reunión salió bien hoy». «Dios, gracias porque los niños se durmieron tranquilos esta noche». Eso es todo.

Para empezar, haz que tus hábitos duren menos de dos minutos. Descubrirás que una vez que empiezas a hacer lo correcto es mucho más fácil seguir haciéndolo. No obstante, si dejas que tu hábito sea difícil de empezar, probablemente no lo harás. O empezarás, pero tendrás la tentación de dejarlo. (Ni siquiera mencionemos esa aplicación para contar calorías que descargaste. ¿Lo recuerdas?).

La cuestión no es solo hacer esa cosa.

La cuestión es presentarse. Empezar.

Porque un minuto de lectura al día es mejor que no agarrar nunca un libro. Una flexión diaria es mejor que no hacer nada de ejercicio. Una charla de dos minutos con tu hijo es mejor que no hacer nada.

Es mejor hacer menos de lo que esperabas que no hacer nada. Y ese pequeño comienzo podría llevarte a un lugar realmente grande. Me encanta Zacarías 4:10: «No menosprecien estos modestos comienzos, pues el Señor se alegrará cuando vea que el trabajo se inicia» (NTV).

¿Cómo empezar y mantener un nuevo hábito?

Haz que sea evidente, atractivo y fácil.

Cuarto, haz que tu hábito sea comunitario

No lo hagas solo. Rodéate de apoyo, de personas que ya hacen lo que tú quieres hacer. Eso es especialmente útil.

Todo tipo de estudios innovadores demuestra el poder de la influencia de otras personas en nuestros hábitos. El estudio que mencioné en el capítulo previo descubrió que si una persona pierde mucho peso, uno de sus tres amigos más cercanos también perderá peso. Esto sucede incluso si el amigo no tiene el mismo objetivo y no está intentando perder peso.

Esto explica por qué la manera más eficaz de superar una adicción es unirse a un programa de doce pasos. Estos programas no se limitan a los pasos (que, por cierto, son hábitos). Se trata de unirse a un grupo de personas con la misma dificultad y el mismo objetivo.

Es posible que hayas oído la expresión de que eres el promedio de las cinco personas con las que pasas más tiempo. No sé si eso está científicamente demostrado, pero yo no me voy a arriesgar. Si examinas a mis cinco amigos más cercanos, encontrarás que todos ellos aman a Jesús. Todos participan fielmente en la iglesia. Los cinco son profesionales que tienen éxito en su trabajo. Son intencionales en cuanto a lo que comen y hacen ejercicio de forma constante. Viven por debajo de sus posibilidades económicas. Son increíblemente generosos. No es casualidad que yo haya elegido a esas personas como mis amigos más cercanos. Ellos me facilitan vivir con hábitos saludables que honran a Dios.

> **Vivir la vida correcta es casi imposible si tienes los amigos equivocados.**

Digamos que le damos la vuelta al guion. ¿Qué pasaría si mis cinco amigos más cercanos estuvieran desempleados, jugaran videojuegos todo el día y lucharan contra las adicciones? ¿Y si bebieran mucho, fumaran quién sabe qué y devoraran Cheetos picantes por bolsas? ¿Y si no creyeran en Dios y pensaran que orar es una estupidez? ¿Te imaginas cuánto más difícil sería para mí ser disciplinado y complacer a Dios?

Vivir la vida correcta es casi imposible si tienes los amigos equivocados. Por supuesto, debes estar cerca de algunas personas que se encuentran lejos de Dios. Estás llamado a hacer brillar la luz de Jesús para ellos. Sin embargo, te parecerás más a las personas con las que pasas más tiempo.

¿Quieres crear mejores hábitos? Únete a una comunidad en la que el comportamiento deseado sea el normal. Mientras que tu antiguo modo de vida parece aceptable cuando ves a otros que actúan de la misma manera, los nuevos hábitos parecen alcanzables cuando ves a otros practicándolos.

Quinto, haz que tu hábito sea repetitivo

Voy a intentar impresionarte con una gran palabra.

Espero que te encuentres sentado.

¿Estás preparado? Aquí está:

Pneumonoultramicroscopicsilicovolcanoconiosis.

En realidad, esta no es la gran palabra que quiero enseñarte, pero es la palabra más larga del idioma inglés. Se trata de una enfermedad pulmonar. Aparentemente, se contrae por inhalar polvo de sílice. Supongo que los volcanes producen polvo de sílice. ¿Debes contener entonces la respiración cerca de los volcanes? No lo sé. Te lo dije, esa no es la gran palabra. Es esta: potenciación.

¿Eh?

Esta es la palabra que los neurocientíficos usan para explicar cómo las conexiones de tu cerebro se fortalecen basándose en la actividad repetida.

Traducido del lenguaje *nerd*: mientras más haces algo, más fácil te resulta hacerlo.

Esos inteligentes científicos del cerebro le llaman la regla de Hebb, la cual afirma que las neuronas que se activan conjuntamente se conectan entre sí.

Por eso, cuando empiezas a hacer algo por primera vez, te parece incómodo, difícil y nada divertido. No obstante, si sigues haciéndolo, al final lo considerarás cómodo, natural y fácil. ¿Incluso divertido, tal vez?

¿Recuerdas la primera vez que montaste en un monopatín? ¿Que jugaste *Guitar Hero*? ¿Que hiciste malabares? ¿Que escribiste un código informático? ¿Que construiste una pajarera? Te costó hacerlo y te preguntaste si era posible. Pero si seguiste haciéndolo, lo dominaste.

Lo mismo ocurrirá con cualquier hábito que intentes establecer. Mientras más lo practiques, más fácil será seguir haciéndolo.

Antes de terminar este capítulo, repasemos. Haz que tu hábito sea:

1. Evidente
2. Atractivo
3. Fácil
4. Comunitario
5. Repetitivo

Esto nos lleva a la pregunta que muchos se hacen: «Si uso estos cinco factores, ¿cuánto tiempo tardaré en crear un nuevo hábito?». ¿La respuesta? No se trata del número de días, sino del número de repeticiones. No se trata de veintiún días o treinta días o noventa días. Lo que importa es cuántas veces pones en práctica el nuevo comportamiento. Mientras más a menudo lo hagas, más se grabará en tu cerebro, lo que hará que el comportamiento sea más fácil de mantener.

Con la repetición, ese nuevo hábito pasará de ser difícil de empezar a ser difícil de abandonar.

> Con la repetición, ese nuevo hábito pasará de ser difícil de empezar a ser difícil de abandonar.

Hablando de renunciar a un hábito, es ahí a donde nos dirigimos a continuación. Porque para avanzar hacia tu victoria, probablemente necesites empezar uno o dos hábitos nuevos y abandonar uno o dos hábitos viejos.

Ejercicio 16

¿Cuál es un hábito que necesitas comenzar?

Para cualquier cambio que desees hacer, cualquier hábito que quieras formar, cualquier victoria que quieras lograr, personaliza los cinco factores. Vuelve a mirar mis ejemplos si es necesario.

Para ayudar a que mi hábito sea más evidente:

Voy a _____ después de _____ .

Para que mi hábito sea atractivo, puedo:

Para que mi hábito sea fácil, puedo empezar haciendo _____ durante dos minutos.

Para que mi hábito sea comunitario, puedo invitar, involucrar o unirme a:

Para que mi hábito sea repetitivo, puedo:

Principio 16

Haz que tu hábito sea:

1. Evidente
2. Atractivo
3. Fácil
4. Comunitario
5. Repetitivo

No menosprecien estos modestos comienzos, pues el SEÑOR se alegrará cuando vea que el trabajo se inicia.

—Zacarías 4:10, NTV

3.5 Cómo detenerse antes de fracasar

¿Has notado cómo las personas pueden resumir años de malas decisiones con una sola frase? Alguien podría mover la cabeza con tristeza y decir: «Sí, cayó en el pecado». O: «Engañó a su esposa». O: «Murió de un ataque al corazón a los cincuenta y ocho años». O: «La despidieron del trabajo de sus sueños».

Podemos hablar como si la persona hubiera tenido un día catastrófico o hubiera tomado una decisión desastrosa. Sin embargo, las personas no arruinan sus vidas por dar un solo paso trágico. No. Nunca es uno; más bien son 56.250. (Recuerda ese número).

En la Biblia hay un montón de estas «frases de resumen de la vida». Una de las más profundas se encuentra en Jueces 16:1, la cual resume la vida de Sansón.

Si hubo un hombre que nació con un potencial increíble, fue Sansón. Dios lo apartó y lo dotó para desempeñar un papel importante. Sansón podría haber sido un héroe venerado de la fe.[1]

No obstante, aquí está su frase resumen: «Cierto día Sansón fue a la ciudad filistea de Gaza y pasó la noche con una prostituta» (NTV). Esa frase resume el comienzo de la trayectoria descendente de Sansón.

Había varias razones por las que ir a Gaza podía arruinar la vida de Sansón. Gaza no solo era una ciudad donde Sansón podía encontrar a una ramera, sino que era también el cuartel general de los filisteos, los cuales odiaban al pueblo de Dios. Sansón era su enemigo público número uno.

La declaración «Cierto día Sansón fue a la ciudad filistea de Gaza y pasó la noche con una prostituta» se lee como una elección abrupta. Como si Sansón se hubiera despertado sin nada que hacer un domingo. No era la temporada de fútbol, así que no había partidos en la televisión. Buscó en Netflix, pero no encontró ningún programa para ver. Pensó en montar en su Peloton, pero no estaba de humor. Entonces Sansón tuvo una idea. *Nunca se me había ocurrido, pero estoy bastante seguro de que hay rameras en Gaza. Creo que hoy iré allá.*

No. Los desastres rara vez son el resultado de una decisión aislada. Casi siempre son el final de una pendiente resbaladiza. Cada día se mueve mucha más tierra por la erosión que por los desprendimientos. Sin embargo, nadie se da cuenta de la erosión, solo de los desprendimientos. Las elecciones no son diferentes.

> **Los desastres rara vez son el resultado de una decisión aislada.**

He investigado un poco sobre la geografía de este pasaje. Sansón vivía en la ciudad de Zora, algunos dicen que a cuarenta kilómetros de Gaza. Dado que Uber estaba todavía a unos cuantos (miles) años de su puesta en marcha, podemos suponer que Sansón probablemente caminó hasta Gaza. ¿Sabes cuántos pasos se necesitan para recorrer cuarenta kilómetros? Aproximadamente 56.250. (Y tú pensabas que ese número de antes era aleatorio, ¿no?).

Sansón no arruinó su vida de una sola vez. Él dio 56.250 pasos en una dirección que inició una espiral descendente y fuera de control. Mucho antes de dirigirse a Gaza ese día, Sansón debió permitir que 56.250 pensamientos, pequeñas decisiones y hábitos autodestructivos deterioraran su relación con Dios y su propia integridad. Esto lo llevó a un lugar debilitado donde estaba dispuesto a hacer algo que estaba fuera de la voluntad de Dios.

Si lees el resto de la historia de Sansón, verás que él continuó haciendo una serie de pequeñas y malas decisiones y participando en hábitos comprometedores que lo llevaron paso a paso a arruinar su vida.

¿Quién hace eso?

Todos lo hacemos.

Bueno, todos podemos hacerlo. No arruinamos nuestra vida de golpe, sino poco a poco. Como la erosión. Todos tenemos la tentación de deslizarnos por esa pendiente de 56.250 escalones cada día.

Por eso es tan importante controlar nuestros hábitos. Has pensado en quién quieres ser, y te hemos preguntado qué hábito necesitas empezar.

Este es nuestro siguiente reto: basándote en quién quieres ser, ¿qué hábito necesitas dejar?

¿Qué hábito poco saludable, inútil y tal vez impío te está llevando en una dirección en la que no quieres ir? ¿En la que no *necesitas* ir?

En su carta a los Colosenses, Pablo escribe sobre tu verdadero yo y quién quieres llegar a ser: «Dios les dio nueva vida, pues los resucitó juntamente con Cristo. Por eso, dediquen toda su vida a hacer lo que a Dios le agrada. Piensen en las cosas del cielo, donde Cristo gobierna a la derecha de Dios. No piensen en las cosas de este mundo. Pues ustedes ya han muerto para el mundo, y ahora, por medio de Cristo, Dios les ha dado la vida verdadera [...] En realidad, ustedes son personas nuevas, que cada vez se parecen más a Dios, su creador, y cada vez lo conocen mejor» (Colosenses 3:1-3, 10, TLA).

Pablo nos anima: olvídate de lo que eras. Conoce quién eres en Cristo y en quién quieres convertirte en Él.

¿Cómo lo haces? Pablo continúa: «Por eso, den muerte a todos sus malos deseos; no tengan relaciones sexuales prohibidas, no sean indecentes, dominen sus malos deseos, y no busquen amontonar dinero, pues es lo mismo que adorar a dioses falsos [...] no se enojen, no busquen hacer el mal a otros, no ofendan a Dios ni insulten a sus semejantes, ni se mientan unos a otros, porque ustedes ya han dejado la vida de pecado y ahora viven de manera diferente» (Colosenses 3:5, 8-9, TLA).

Como siempre, Pablo es claro: si quieres llegar a ser quien quieres ser, hay algunos hábitos que debes abandonar.

Así que, basándote en quién quieres llegar a ser, ¿qué hábito necesitas dejar? Sé que probablemente veintisiete cosas vengan a tu mente (lo sé porque veintisiete vienen a la mía). Si tratas de dejar de hacer veintisiete cosas, no dejarás de hacer ninguna. El Acusador sabe que si puede mantenerte enfocado y abrumado por todos esos asuntos, seguirá derrotándote. Entonces, ¿en cuántas de esas veintisiete cosas crees que Dios quiere que te enfoques? En una. En una a la vez.

Así que vamos a enfocarnos en un solo hábito que quieras dejar.

Podría ser quejarte y ser negativo. O chismosear. (Eso incluye compartir «peticiones de oración» sobre otras personas. «Ora por Juan. He visto en Facebook que está involucrado en...». «Ora por Jane. Me enteré por dos personas en la iglesia que está batallando con...»).

Tal vez luches con un desorden alimenticio: purgas o atracones. Tal vez necesites dejar de jugar videojuegos. O de ver Netflix. O porno. Es posible que seas adicto a una sustancia como la nicotina o los medicamentos recetados. O a morderte las uñas. ¡O a morder las uñas de un *desconocido*!

¿Cuál es el hábito que necesitas abandonar?

Un hábito que decidí dejar fue el de pasar demasiado tiempo frente a la pantalla. Mi buen amigo Apple empezó a informarme de cuántas horas miraba mi teléfono cada semana. Sinceramente, la primera vez que vi la notificación, la cifra me horrorizó. La compartí con otras personas que me dijeron que era «inferior al promedio». Sin embargo, eso no me hizo sentir mejor.

Dios me ha dado una vida a fin de vivir para Él, y no quiero perder un montón de tiempo mirando una pantalla. Así que les puse límites a las aplicaciones y tomé otras medidas para disminuir mi tiempo frente a la pantalla.

Teniendo en cuenta la persona en la que quieres convertirte, ¿cuál es el hábito que tienes que abandonar? Una vez que lo nombras, puedes trabajar para dejarlo. No puedes vencer lo que no puedes definir.

Permíteme decirlo una vez más: no puedes vencer lo que no puedes definir.

No puedes vencer lo que no puedes definir.

■ ■ ■

Ahora que elegiste el hábito, ¿cómo vas a renunciar a él?

Sabes que es difícil. Ya has intentado romper con los malos hábitos antes.

Sin embargo, ¿por qué es tan difícil?

Una de las razones por las que nos cuesta dejar de hacer lo que queremos dejar de hacer es el tiempo. Esta es la otra cara de la moneda de por qué nos cuesta comenzar nuevos hábitos: los buenos hábitos son difíciles de comenzar porque el dolor llega ahora y la recompensa está en el futuro. Los malos hábitos son difíciles de abandonar porque la recompensa llega ahora y el dolor está en el futuro.

Por ejemplo, digamos que quieres empezar a correr. Te emocionas y piensas: *¡Sí! ¡Soy un corredor! Voy a correr todos los días. Me pondré en forma. ¡Voy a perder peso!* Y a la mañana siguiente suena el despertador. *¡Ahh! ¡Es muy temprano!* No obstante, te levantas y te pones la ropa y las zapatillas deportivas. *¿Qué hago levantado tan temprano?* ¡Sales a la calle y hace frío! *¿Qué demonios? ¿Por qué hace tanto frío tan temprano?*

Empiezas a correr y al poco tiempo te duelen las piernas, los pies y hasta los pulgares. *¿Por qué me duelen los pulgares? ¡Me duele* *todo!* Rápidamente pasas de estar emocionado a sentirte agotado. Después de unos días así, miras la báscula. *Espera, ¿he perdido solo una libra? ¿Cómo es posible? ¿Vale la pena hacer todo esto para perder solo una libra?*

Los buenos hábitos son difíciles de comenzar porque el dolor llega ahora y la recompensa está en el futuro. Si sigues trotando con constancia, verás los resultados. Perderás diez libras. Tendrás unos glúteos de acero. Al igual que la marmota de Punxsutawney, tus abdominales asomarán desde donde han estado hibernando. Todo eso sucederá, pero más tarde. Y cuando ocurra, valdrá la pena. Las molestias, los madrugones, el frío, el dolor de los pulgares, todo ello. Sin embargo, pasar del ahora al después puede parecer un trabajo duro, monótono y poco gratificante.

Si intentas abandonar un mal hábito, experimentarás exactamente lo contrario. ¿Por qué? Porque el mal hábito te está ofreciendo un beneficio inmediato percibido. Hacer lo que está mal puede ser agradable. Eso suena como algo que no deberíamos reconocer, como decir: «El pecado puede ser divertido». ¿Adivinas qué? Puede serlo. ¡Lo es! Si no crees que el pecado puede ser divertido, no lo estás haciendo bien. Si hacer el mal no fuera divertido, nunca lo haríamos. Es divertido ahora, pero te arruina después.

Por ejemplo, digamos que te inspiras un domingo para apagar tus redes sociales. *¡Sí! ¡Tengo una nueva vida en Cristo, y me estoy pareciendo cada vez más a Él! Le pondré fin a mi adicción al teléfono, a las comparaciones, a mirar, a desear y a los antojos.*

Entonces llega el lunes. Tienes un tiempo libre. Estás aburrido y tratas de pensar en algo que hacer. Miras tu teléfono. Las aplicaciones siguen ahí. Y entonces recuerdas: *Espera. Mirar la pantalla del teléfono se siente bien.* Te dices a ti mismo: *No. Ayer decidí que no quiero mirar más las redes sociales.* Pero estás realmente aburrido. Y la descarga de dopamina te hace sentir muy bien.

Te cuestionas a ti mismo. *¿Realmente dije que nunca? No estoy seguro de que eso sea posible. ¿Qué voy a hacer entonces? ¿Realmente voy a jugar juegos estúpidos en mi teléfono cuando podría...? Quiero decir, lo he hecho tantas veces. ¿Qué importa si miro una vez más? ¿Y si me pierdo algo importante? Supongo que podría hacerlo hoy y detenerme después. O tal vez el primero del mes que viene. ¡Así tendré una fecha oficial para ponerle fin que será fácil de recordar!*

¿Por qué te convences de hacer lo que no quieres hacer? Porque hacerlo te hace sentir bien, *ahora*.

Los malos hábitos son difíciles de abandonar porque la recompensa llega ahora y el dolor está en el futuro. Si no lo dejas, nunca te sentirás libre. Nunca sentirás la victoria. Continuarás experimentando distracciones y culpas que se interponen en el camino de la intimidad con Dios y se interponen potencialmente en el camino de tu relación con tu cónyuge o futuro cónyuge, tus hijos y otras personas.

Abandonar un hábito ahora podría evitar que un secreto sea expuesto. Si no quieres que la gente lo descubra, o si no quieres arriesgarte a sentirte avergonzado o perder el respeto de tus seres queridos, o si no quieres perder algo que atesoras como una posición o la influencia sobre las personas, todo eso *ocurrirá* más tarde. Cuando suceda, harías cualquier cosa por volver atrás y dejar ese hábito ahora. Pues bien, *ya* estás en el ahora. *Puedes* dejarlo en este instante.

Sin embargo, para dejarlo, para evitar ese dolor más tarde, tendrás que experimentar el dolor de decirle que no al placer ahora. Este momento podría ser la única razón por la que estás leyendo este libro. Para ti, en este momento, no se trata de algo que necesitas empezar, sino de lidiar con algo que podría destruirte más temprano Él que tarde si no te detienes.

■ ■ ■

Creo que por fin estamos preparados para abandonar el hábito. Conocemos el mal hábito que necesitamos dejar para convertirnos en quienes queremos ser. ¿Cómo lo hacemos?

¿Recuerdas cómo empezamos los buenos hábitos? Los hacemos evidentes y fáciles. Para dejar los viejos y malos hábitos, vamos a hacerlos difíciles.

Me encanta la forma en que Salomón dice lo mismo, de seis maneras diferentes, en dos frases cortas: «No entres en la senda de los impíos, ni vayas por el camino de los malvados. Evítalo, no pases por él; apártate de él y sigue adelante» (Proverbios 4:14-15).

Esta es mi paráfrasis de la idea de Salomón: ¿por qué resistir una tentación mañana si tienes el poder para eliminarla hoy?

En lugar de tener la esperanza de que venceremos la tentación con fuerza de voluntad y motivación, haremos todo lo posible para no enfrentarnos a la tentación en absoluto. Y cuando tengamos que enfrentarnos a la tentación, haremos que sea lo más difícil posible decir que sí.

> **¿Por qué resistir una tentación mañana si tienes el poder para eliminarla hoy?**

¿Cómo vamos a hacerlo?

Recuerda que el ciclo del hábito comienza con una señal. La señal desencadena un deseo, el cual te lleva a responder. A esa acción le sigue una recompensa (la descarga de dopamina), algún tipo de sensación placentera.

¿Cómo eliminas un hábito?

Eliminando la señal.

Anteriormente dije que necesitamos entender las señales e identificar las que desencadenan nuestros hábitos. Es así. Vamos a eliminar los desencadenantes que nos tientan a realizar acciones que nos llevan en la dirección equivocada. Si no podemos eliminar una señal por completo, colocaremos algunos obstáculos para evitar que pongamos un pie en «la senda de los impíos».

Seamos realmente prácticos con algunos ejemplos.

Tal vez tu batalla es con la pornografía. Es posible que estés soltero y justifiques tu hábito de ver porno porque todos tus amigos tienen relaciones sexuales mientras que tú no. Piensas en la pornografía como *mi pequeña cosa. No es para tanto. Solo miro.* O puede que estés casado, pero justificas ver porno porque tu pareja «no satisface tus necesidades». Racionalizas lo que haces. Sin embargo, te sientes atormentado por la culpa y destrozado por la vergüenza. Quieres dejarlo. Lo has intentado. Pero ahora el problema es que no crees que puedas.

¿Cómo puedes ganar esa batalla y dejar el hábito?

Eliminando los desencadenantes. Dios es quien nos dio esta idea de eliminar (en lugar de combatir) la tentación: «¡Huyan del pecado sexual!» (1 Corintios 6:18, NTV). «Huye de todo lo que estimule las pasiones juveniles» (2 Timoteo 2:22, NTV).

¿Cómo puedes eliminar los desencadenantes de la pornografía? Tu plan se basará en tus indicios sobre tus señales. ¿Qué «estimula» tus «pasiones juveniles»?

- ¿Visitar las redes sociales?
- ¿Jugar juegos en la computadora cuando tu cónyuge duerme?
- ¿Estar solo en una habitación de hotel cuando viajas por negocios?
- ¿Leer una novela romántica?
- ¿Ver un determinado programa de televisión?
- ¿Ver anuncios en páginas web de «artículos» sobre fracasos de porristas?

Sin importar lo que sea, ¿cómo puedes eliminar la tentación?

Personalmente, no estoy dispuesto a caer en la tentación sexual, porque podría perderlo todo. Así que he puesto salvaguardas en mi vida.

- Nunca estoy a solas con una mujer (que no sea de mi familia) en *ningún* contexto.
- No soy capaz de descargar aplicaciones.
- Tengo bloqueado el contenido para adultos.
- Todo en mi computadora es rastreado.
- Mi configuración me impide borrar cualquier cosa.
- Cuento con unas seis personas que tienen todas mis contraseñas para poder mirar lo que he visto o los mensajes que he enviado o recibido.
- Tengo la computadora, el iPad y el teléfono bloqueados. Que yo sepa, no hay forma de ver contenidos inapropiados.

Sea lo que sea, ¿cómo puedes eliminar la tentación?

Es posible que pienses: *Pero Craig, eres un pastor. ¿Realmente eres tan débil y vulnerable?* ¿Mi respuesta? No. Normalmente no. No la mayor parte del tiempo. Sin embargo, uno nunca sabe cuándo va a estar en el lugar equivocado, en el momento equivocado y con el ánimo equivocado. Entonces, ¿por qué voy a resistir una tentación mañana si tengo el poder para eliminarla hoy?

¿Qué medidas, por radicales que sean, puedes tomar para eliminar tus tentaciones? ¿Necesitas la ayuda de un amigo para borrar Instagram de tu teléfono? ¿O incluso para borrar tu navegador web? O, si eres lo suficientemente inteligente como para sortear los límites, ¿necesitas renunciar a tu teléfono inteligente a cambio de un teléfono tonto? Eso sería doloroso, pero tu pureza lo vale. No quieres dejar que nada te aleje de la intimidad con Dios y la intimidad con una persona que es real y realmente te importa.

Es posible que te enfrentes a una batalla diferente. Cualquiera sea el hábito que quieres dejar, ¿cómo puedes eliminar el desencadenante y hacer que sea realmente difícil seguir practicando ese hábito?

Digamos que el hábito al que quieres renunciar es el de posponer la alarma. Por lo general, la aplazas siete veces, porque... bueno, ¿no es ese un número piadoso? ¿Cómo puedes dejar de hacerlo? Empieza por el quién antes que el hacer. ¿Cómo es que el hecho de posponer la alarma te impide ser quien quieres ser? Decide que cada día es un regalo de Dios en el que quieres sumergirte con alegría y poder. Y luego elimina la tentación.

¿Cómo?

Coloca tu reloj despertador, o dispositivo móvil, en el otro lado de la habitación. Conéctalo lo más lejos posible de tu cama. De este modo, cuando suene, para posponer la alarma tendrás que salir de tu cálida y acogedora cama y atravesar tu fría habitación. ¡Y ahora estás despierto!

Tal vez tu problema sea que gastas de manera excesiva en Amazon. Confiésale tu problema a un amigo de confianza. Luego pídele a ese amigo que te cambie la contraseña y no te diga la nueva. A partir de ahora, solo podrás comprar a través de ese amigo. De esa forma estás dificultando lo que no quieres hacer.

Permíteme que te anime si estás muy enfrascado en un hábito: si tienes una adicción —tal vez al juego, al alcohol, a las drogas o al sexo— podría ser el momento de la rehabilitación. Reconoce el problema y decide que no dejarás que siga controlando tu vida. Busca un consejero que pueda orientarte en la dirección correcta. No sigas yendo en la dirección equivocada. Tu Dios te ama demasiado. Te creó con un potencial increíble y te dio esta vida como un regalo. Vales demasiado para desperdiciar tu vida.

Teniendo en cuenta la persona en la que quieres convertirte, ¿qué hábito necesitas romper?

¿Recuerdas los 56.250 pasos de Sansón? ¿Su «resumen de vida» que consistía en «Cierto día Sansón fue a la ciudad filistea de Gaza y pasó la noche con una prostituta»? Si estás en una espiral descendente como Sansón, bueno, algún día las personas podrían resumir tu vida con una declaración también. Harán que parezca que tu caída fue una decisión aislada que definió tu vida.

Sin embargo, no será así. Los hábitos que tienes hoy le están dando forma a quién serás mañana. Paso a paso, tus hábitos te están llevando a alguna parte.

Si no te gusta hacia dónde te llevan, cambia tus hábitos. Si cambias tus hábitos, cambiarás tu vida.

Ejercicio 17

Este ejercicio es más intenso por una buena razón. Si un hábito con el que estás luchando, especialmente en secreto, podría llevarte a un final tipo Sansón, el hecho de profundizar y ser totalmente transparente en tus respuestas a estas preguntas podría darte claridad y comprensión. Permite que tus respuestas te lleven al cambio, y deja que el cambio te lleve a la libertad.

¿Cuál es el hábito que sabes que más necesitas abandonar?

¿Qué es lo mejor que podría pasar si tienes éxito y lo dejas?

¿Qué es lo peor que podría pasar si continúas haciéndolo o empeoras?

Cuando piensas en dejarlo, ¿cuál es tu razonamiento para seguir adelante?

¿Qué señales crean regularmente los desencadenantes de tu hábito?

Principio 17

Los buenos hábitos son difíciles de comenzar porque el dolor llega ahora y la recompensa está en el futuro.

Los malos hábitos son difíciles de abandonar porque la recompensa llega ahora y el dolor está en el futuro.

Así que no nos cansemos de hacer el bien.
A su debido tiempo, cosecharemos numerosas
bendiciones si no nos damos por vencidos.

—Gálatas 6:9, NTV

3.6 Del para al quién

Hace un par de años tuve una gran revelación. Llevaba mucho tiempo trabajando en el desarrollo de la disciplina personal. Las personas que observaban mis esfuerzos podrían decir que había tenido éxito. Sin embargo, yo nunca estaba satisfecho. Siempre quería algo más, algo más. Un día, lo comprendí: tenía el tipo equivocado de metas . Y el tipo equivocado de metas me llevó a la motivación equivocada para comenzar y abandonar los hábitos.

Mis metas eran principalmente *metas de medios*. Mis metas eran solo un medio para conseguir un fin.

¿Cómo sabes si tu meta es una meta de medios? Al otro lado de esta hay un *para*.

- «Quiero sacar buenas notas *para* ir a una buena universidad, *para* conseguir un buen trabajo y *para* ganar mucho dinero».
- «Quiero perder peso *para* verme mejor con la ropa, *para* atraer a alguien decente con quien salir y *para* poder casarme».

Eso es un problema. ¿Por qué? Porque si hay un *para* al otro lado, nos estamos entrenando con el fin de aplazar la satisfacción al futuro.

En lugar de metas «para», me di cuenta de que tenía que establecer metas finales. Quiero metas y hábitos que conduzcan a un fin. Y el único fin al otro lado de cada *para* no es un *qué* sino un *quién*.

¿Eh? (No, esto no es otro de mis extraños juegos de palabras como los del doctor Seuss).

Permíteme explicarlo. Como seguidores de Cristo, queremos metas que no se refieran a lo que estamos consiguiendo o lo que estamos haciendo, sino a quién estamos llegando a ser. No es conseguir, no es hacer, es llegar a ser. Y a quien queremos parecernos más es a Cristo. El pasaje de Colosenses 3 en el capítulo anterior dice que te estás pareciendo cada vez más a Él. Eso es exactamente en lo que queremos convertirnos.

Cuando llegar a ser más como Jesús es la fuerza motriz de tu vida, el éxito ya no está en alguna parte. Puedes tener éxito hoy al dar un paso más hacia la semejanza con Cristo.

> **Cuando llegar a ser más como Jesús es la fuerza motriz de tu vida, el éxito ya no está en alguna parte.**

Eso es lo que sucede con nuestros hábitos. Pensamos en ellos como acciones. Sin embargo, son mucho más que eso. Porque nuestros hábitos definen nuestra identidad.

- Comienzo un nuevo hábito de comer bien. ¿Por qué? Porque me estoy pareciendo más a Jesús. Y cuando como bien, estoy honrando a Dios al ser un templo del Espíritu Santo (1 Corintios 6:19-20).

- Comienzo un nuevo hábito de levantarme más temprano. ¿Por qué? Porque quiero tener tiempo para leer mi Biblia. ¿Por qué? Porque me estoy pareciendo más a Jesús. Y leer la Biblia renueva mi mente para que pueda llevar mis pensamientos cautivos y hacerlos obedientes a Cristo (2 Corintios 10:5).

- Abandono un viejo hábito de mirar porno. ¿Por qué? Porque me estoy pareciendo más a Jesús. Cuando no siento lujuria con las imágenes, puedo vivir una vida pura de integridad (Colosenses 3:5-7).

Dijimos: «Si quieres cambiar en quién te estás convirtiendo, cambia tus hábitos». En última instancia, eso es lo que queremos hacer: cambiar en quién nos estamos convirtiendo.

Dijimos: «Las cosas pequeñas que nadie ve pueden conducir a los grandes resultados que todos quieren». El gran resultado que queremos es ser más como Jesús.

Dijimos: «El éxito no ocurre por accidente, sino por los hábitos».

Más que cualquier otra cosa, el éxito es parecerse cada vez más a Jesús.

Así que si el éxito ocurre por los hábitos, ¿qué hábito necesitas empezar? ¿Qué hábito necesitas abandonar para ser más como Jesús?

Como seguidores de Cristo, nuestro objetivo final, nuestra victoria definitiva, nuestra verdadera marca de éxito es parecernos más a Él.

Estás a punto de descubrir que cuando practicas los hábitos estratégicos correctos —constantemente— los resultados irán más allá de lo que podrías imaginar.

Ejercicio 18

Para finalizar esta sección, considera cómo puedes haber hecho que tus metas sean «metas de medios» (o metas *para*). Utiliza este patrón con el fin de cambiar tus metas actuales y futuras de metas de medios a metas finales.

MI META DE MEDIOS/PARA:

Quiero _____ *para **poder** _____*

_____, *para **poder***

_____, *para **poder*** _____

_____.

MI META FINAL:

Quiero empezar el nuevo hábito de: _____

_____.

¿Por qué? Porque me estoy pareciendo más a Jesús. Y cuando yo:

_____. *Soy/puedo:* ___

_____

Principio 18

El éxito es llegar a ser más parecido a Jesús.

Así es, todo lo demás no vale nada cuando se
le compara con el infinito valor de conocer a Cristo
Jesús, mi Señor.

—Filipenses 3:8

Cuarta parte

Sembrar. No cosechar.

¿Alguna vez has observado a personas realmente exitosas y te has preguntado cómo lo hacen? Tal vez tengan éxito en sus trabajos o matrimonios. O en su salud o finanzas. O quizás parecen estar realmente cerca de Dios y tienen un gran impacto para Él.

¿Cómo es que las personas exitosas se convierten en personas exitosas?

Mientras crecía, asumí que muchas de ellas eran simplemente afortunadas. Que habían tenido la suerte de haber nacido en la familia adecuada. La suerte de tener las habilidades correctas dadas por Dios. La suerte de haber tenido una gran oportunidad. La suerte de haber conocido a la persona adecuada o a varias de ellas. O tal vez llevaban el amuleto de pata de conejo más mágico del mundo. O un conejo entero.

Luego, cuando me hice mayor, conocí a personas que eran exitosas. Y comprendí que estaba equivocado.

Las personas exitosas no tienen suerte. Son constantes.

Es decir, claro que tal vez algunas personas exitosas han tenido más oportunidades que la mayoría. Probablemente puedas pensar en algunos peces gordos de los negocios que empezaron con una ventaja gracias a sus padres. Pero si conoces personas exitosas, te darás cuenta de que su éxito no fue fruto de la casualidad. Tampoco fue el resultado de un solo momento, como una acción o decisión maravillosa y audaz. (Así como dijimos que el fracaso no es una avalancha, sino una erosión. Esto funciona en ambos sentidos). Las personas tienen éxito. Logran su victoria gracias a innumerables acciones y decisiones aparentemente pequeñas llevadas a cabo de manera constante a lo largo del tiempo. Esa constancia les da el poder para cambiar.

Los investigadores llevan mucho tiempo intentando distinguir lo que separa a los líderes destacados del resto del grupo. El problema es que, cuando se les entrevista, los líderes a menudo no pueden explicar la razón de su éxito. No pueden identificar «ninguna acción definitoria, ningún gran programa, ninguna innovación decisiva, ningún golpe de suerte solitario, ningún momento milagroso».[1]

¿Qué han concluido los investigadores? Han descubierto que la «constancia fanática»[2] conduce al éxito de los mejores. Estos líderes tienen éxito gracias a su obstinado empeño por hacer las mismas cosas correctas (normalmente pequeñas) una y otra vez.

Entender esto revolucionó mi vida. Creo que puede hacer lo mismo por ti.

Entonces, ¿estás listo para otro principio que cambia el guion cuando lo aplicamos a nuestras vidas?

Las personas exitosas hacen constantemente aquello que otras personas hacen en ocasiones.

> **Las personas exitosas hacen constantemente aquello que otras personas hacen en ocasiones.**

¿Qué es lo que las personas exitosas practican de manera constante? Los hábitos. Los hábitos estratégicos correctos. Como ya hemos establecido: el éxito no se produce por accidente, sino por los hábitos. Las personas exitosas empiezan y mantienen los hábitos adecuados y siguen practicándolos.

Algunas personas destinan ocasionalmente un poco de dinero para sus ahorros. Otras destinan constantemente un poco de dinero para sus ahorros. Entonces, un día, las personas ocasionales asumen que las personas constantes tienen suerte de tener tanto dinero ahorrado. No. No fue la suerte. Fue la constancia.

Algunas personas se ponen a dieta y tratan de comer sano en ocasiones. Otras siguen la dieta de comer de manera saludable constantemente. Entonces, un día, las personas inconstantes piensan que las personas constantes tienen suerte porque están en muy buena forma y no tienen problemas con su peso. No. No fue la suerte. Fue la constancia.

Puedes conocer a personas que viven vidas increíbles para Dios. Es fácil concluir: «Ah, eso sería genial. Tienen mucha suerte de que Dios los haya elegido para utilizarlos así».

Una vez más, no es suerte. Es constancia.

¿Recuerdas lo que vimos con Daniel? Dios le concedió el favor y lo usó de maneras extraordinarias de todo tipo. ¿Suerte? No. Se nos dio una visión clave de su vida: Daniel oraba a Dios tres veces al día. Leemos eso y pensamos: *Bueno, yo también oro. Quiero decir, no siempre. Y no tres veces al día. Y, bueno, tal vez no todos los días.* Me pregunto: ¿qué podría hacer Dios con tu vida si oraras tres veces al día? Nosotros oramos de vez en cuando. Daniel oraba constantemente.

Las personas exitosas hacen de manera constante lo que otras personas hacen de manera ocasional.

Para su libro del año 2008, *Fuera de serie: Por qué unas personas tienen éxito y otras no*, Malcolm Gladwell estudió a las personas exitosas. ¿Qué hilo conductor encontró para explicar su éxito? La respuesta: diez mil horas. Descubrió que, en general, las personas que llegan a ser grandes en algo le dedican diez mil horas de práctica.[3]

No es suerte. Es constancia.

¿Recuerdas cuando el receptor Odell Beckham Jr. hizo una increíble atrapada con una mano que muchos consideran la mejor de la historia?[4] La gente vio la atrapada y probablemente pensó: *¡Obviamente, eso requiere una habilidad natural, pero también hubo un poco de suerte!* Luego se supo que Beckham había practicado atrapar la pelota con una mano —todos los días— desde que estaba en la escuela secundaria. *Ahhhh*. No fue suerte. Fue práctica. La práctica constante. Diez mil horas.

Gladwell dice que el denominador común de todas las personas exitosas que estudió fue que se enamoraron de la práctica. O podríamos decir que se enamoraron del entrenamiento. Los grandes no intentan, entrenan. Se comprometen a practicar todos los días.[5]

El entrenador de rendimiento Alan Stein Jr. pasó quince años trabajando con algunos de los mejores atletas del mundo. Un día, Stein le preguntó a Kobe Bryant si podía presenciar la rutina de entrenamiento del atleta. Bryant aceptó y le dijo a Stein que se reuniera con él en el gimnasio al día siguiente, a las cuatro de la mañana. Stein llegó un poco antes, solo para encontrar a Bryant sudando copiosamente. Estaba haciendo un entrenamiento muy básico y aburrido. Cuando Stein le preguntó a Bryant por qué, la leyenda del baloncesto respondió: «¿Por qué crees que soy el mejor jugador del mundo? Porque nunca, nunca me aburro con lo básico».[6]

En un artículo sobre su inverosímil ética de trabajo, Bryant explicó lo que lo impulsó a alcanzar la condición de jugador mundial: «Es una búsqueda constante para tratar de ser mejor hoy que ayer».[7] Sí. Recuerda que entrenar es hacer hoy lo que puedes hacer hoy para poder hacer mañana lo que no puedes hacer hoy.

Las personas que tienen éxito en el deporte ganan luego de practicar. La próxima vez que veas un reportaje deportivo de tu equipo favorito en el que se muestren imágenes de los entrenamientos, fíjate en cómo todos los jugadores, incluyendo al atleta mejor pagado del equipo, hacen los ejercicios básicos. Lo logran día a día, poco a poco.

Las personas que tienen éxito en sus carreras o matrimonios lo logran poco a poco. Las personas que están en buena forma física o económica lo lograron poco a poco. Las personas que son increíbles en la crianza de los hijos, la reparación de autos, la cirugía a corazón abierto, los crucigramas, la escritura de códigos, el golf con *frisbee*, la escritura de libros, la interpretación teatral, la presentación de empresas en público, la predicación de sermones, la edición de videos, la actuación cómica, el *break dance* o los malabares con motosierras lo lograron poco a poco.

Hoy, a través de decisiones pequeñas y constantes, estás llegando a algún lugar poco a poco.

¿Hacia dónde vas?

¿Dónde estarás dentro de diez años? ¿Quién serás?

Ejercicio 19

Completa estas frases.

Una cosa que he hecho ocasionalmente y que quiero hacer con una constancia fanática es:

Puedo empezar (o aumentar mis esfuerzos) para dedicarle mis diez mil horas al:

Principio 19

**Las personas exitosas hacen de forma constante
lo que otras personas hacen ocasionalmente.**

La riqueza lograda de la noche a la mañana
pronto desaparece; pero la que es fruto del arduo
trabajo aumenta con el tiempo.

—Proverbios 13:11, NTV

4.2 Tú en diez

¿Qué tal si hubieras conocido a Elon Musk en 1995 cuando dejó la Universidad de Stanford para crear su primera empresa de *software*? ¿Habrías pensado: *¡Vaya! Hay algo diferente en este chico. Creo que algún día será la persona más rica del mundo*? ¿O hubieras pensado simplemente que era un universitario extravagante y excéntrico?

¿Y si hubieras conocido a Simone Biles cuando tenía catorce años y competía en su primera prueba de gimnasia clásica en su ciudad natal de Houston, Texas? ¿Habrías sido capaz de señalarla y decir: «Dentro de diez años esta chica va a ser la poseedora del récord mundial de medallas de oro»? ¿O no le hubieras prestado atención dentro de la fila de chicas, todas muy similares en edad, tamaño y habilidades?

¿Y qué pasaría si te dijera que puedo predecir cómo será tu vida dentro de diez años? Si yo pudiera saber si estarás:

- Mejor económicamente
- Más cerca de Dios
- Más saludable
- Más unido que nunca
- Más feliz
- En un círculo de buenos amigos

Lo más probable es que pueda hacerlo. No tengo ninguna habilidad especial. Sin embargo, podría hacer una predicción precisa.

¿Cómo?

Debido a que tus hábitos de hoy están telegrafiando tu futuro. La vida que estás viviendo ahora mismo está dándole forma a la vida que vivirás mañana.

Todos tenemos las mejores intenciones, pero las intenciones no determinan la dirección. Las acciones lo hacen.

Todos tenemos esperanzas. Pero esperar un futuro diferente no conduce a un futuro diferente. La esperanza no cambia tu vida. Los hábitos lo hacen.

Así que si sigues haciendo lo que has estado haciendo, seguirás obteniendo lo que has estado obteniendo. La vida que estás viviendo hoy está dándole forma a la vida que vivirás mañana.

Es posible que la vida que quieres sea la que estés viviendo dentro de diez años. Pero no llegarás a ella por medio de tus intenciones, tus esperanzas o unos cuantos «golpes de suerte».

> La vida que estás viviendo ahora mismo está dándole forma a la vida que vivirás mañana.

Sin embargo, al igual que Kobe Bryant, Elon Musk, Simone Biles y todas las demás personas de diez mil horas, puedes llegar allí. Y cuando lo hagas, será el resultado de innumerables decisiones aparentemente pequeñas llevadas a cabo de manera constante a lo largo del tiempo.

Centrémonos en dos componentes esenciales que necesitarás para convertirte en el tú que quieres ser.

El primer componente es «pequeño». Recuerda: las cosas pequeñas que nadie ve pueden conducir a los grandes resultados que todos desean. El problema con las cosas pequeñas es que son fáciles de hacer, pero también fáciles de no hacer. Nunca parecen significativas. Ignorarlas u omitirlas siempre se considera aceptable. Pero uno esculpe su vida con las cosas pequeñas.

El segundo componente es «constante». Hacer las cosas peque-ñas una vez es insignificante. Hacer las cosas pequeñas correctas una y otra vez tiene una magnitud que no se puede medir.

Para comprender la importancia de estas dos dinámicas, imagina que estás en un vuelo completo y que el asistente ha cerrado la puerta del avión. Mientras el piloto se aleja de la puerta, hace el siguiente anuncio: «Señoras y señores, nos han dicho que se cayó una pequeña pieza de uno de los motores, pero para que ustedes lleguen a su destino a tiempo, ignoraremos eso y despegaremos ya. Ah, y también normalmente hacemos un mantenimiento rutinario y constante antes de cada vuelo, pero una vez más, para llegar a tiempo hoy, prescindiremos de eso y en un momento estaremos en el aire. Ahora, siéntense, relájense y disfruten de su vuelo». ¿Qué te parecería entonces lo pequeño y constante?

Por ahora, espero que estemos de acuerdo: lograr la vida que quieres será el resultado de innumerables decisiones aparente-mente pequeñas, hechas de manera constante a lo largo del tiempo.

Vayamos a la Palabra de Dios para saber por qué.

Construyes tu vida un ladrillo a la vez.

Eso es lo que podría haber dicho Nehemías.

Su historia en la Biblia proporciona una gran ilustración de cómo es esto.

Nehemías era el copero de Artajerjes, el rey de Persia. Los per-sas habían derrocado a los asirios. ¿Recuerdas que en la historia de Daniel aprendimos que los asirios invadieron Jerusalén? Eso ocurrió ciento cuarenta años antes de la época de Nehemías. Los asirios habían destruido la ciudad y se habían llevado a la mayoría de las personas. No obstante, algunos judíos aún permanecían en las ruinas de Jerusalén.

Cuando escuchas hablar del estado en que quedó Jerusalén, es posible que te recuerde algún aspecto de tu vida. Debido a algún acontecimiento trágico o devastador, puedes sentir que una parte de tu vida está en ruinas.

Aunque había vivido toda su vida en Persia, Nehemías era judío. Cuando se enteró de lo mal que estaban las cosas en su tierra natal, se sentó y lloró (Nehemías 1:4).

Es posible que sientas ganas de llorar porque algún aspecto de tu vida no es lo que era o lo que debería ser.

Nehemías podría haber pensado: *No hay nada que pueda hacer. Ha sido así durante mucho tiempo. No tengo poder para lograr un cambio.* (¿Te suena familiar?).

Sin embargo, no lo hizo. Él actuó. Nehemías creía que podía cambiar las cosas, de modo que asumió su responsabilidad. Así es como describió el primer paso de su plan: «Hice duelo *algunos* días, y estuve ayunando y orando delante del Dios del cielo» (Nehemías 1:4). Nehemías comenzó con la oración, que es el lugar adecuado para empezar. Cuando no sepas qué hacer, acude a quien sí lo sabe.

Nehemías tomó entonces algunas medidas estratégicas a fin de obtener el permiso para ir a reconstruir la muralla que debía rodear y proteger a Jerusalén. Él no confió en las buenas intenciones o la esperanza. Creó un plan de juego.

Nosotros también necesitamos desarrollar una estrategia si vamos a reconstruir una parte crítica de nuestras vidas.

Nehemías llegó a Jerusalén y les dio a conocer a las personas su plan para reconstruir la muralla. Ellos pensaron que estaba loco debido a los Cocoa Puffs.[1] La muralla había estado en ruinas durante ciento cuarenta años. Nadie tuvo las agallas para pensar en reconstruirla, porque en sus mentes el trabajo simplemente no se podía hacer.

Es posible que así sea como te sientes con respecto al cambio que quieres. Piensas que simplemente no hay manera.

No obstante, Nehemías convenció al pueblo de que debían hacer algo; la muralla era necesaria para protegerlos de los ejércitos invasores.

Nehemías asignó tareas y, bajo su liderazgo, el pueblo comenzó a reconstruir la muralla con vacilación. ¿Sabes cómo lo hicieron? Si no tienes un título avanzado en construcción de muros, esto puede ser demasiado intrincado para que lo entiendas, pero construyeron la muralla... ¿Estás preparado? ¿Seguro? De acuerdo. Construyeron la muralla ladrillo a ladrillo.

Lo siento, en realidad no se necesita un doctorado en «murología». Eso es algo muy fácil de entender para cualquiera. Nehemías y los prudentes ciudadanos de Jerusalén construyeron la muralla ladrillo a ladrillo, uno a la vez. Esa es la única manera de construir un muro (Pink Floyd también nos enseñó este concepto en 1979).

Lo mismo ocurre con nosotros. Cambiaremos nuestras vidas un pequeño hábito a la vez. Lo diré de nuevo: lograr la vida que quieres será el resultado de innumerables decisiones aparentemente pequeñas, llevadas a cabo de manera constante a lo largo del tiempo.

¡Los israelitas empezaron a construir la muralla, y realmente estaba sucediendo! El progreso era lento, pero había progreso. Pronto, estaban levantando no solo el muro, sino también el optimismo en las filas. *Después de todo, ¿podría ser posible? ¿Tal vez somos capaces de hacerlo? ¿Quizá Nehemías no está loco?*

El optimismo surgió, pero no pasó mucho tiempo antes de que se enfrentaran a la oposición y los obstáculos. Parte de la resistencia más significativa provino de las voces de dos personas: Sanbalat y Tobías. Estos tipos eran odiosos y ridiculizaban la idea de que los judíos pudieran lograr su objetivo. (Estos tipos habrían sido grandes en Facebook). Sanbalat se burló: «¿Qué hacen estos débiles judíos? ¿La restaurarán para sí mismos? ¿Podrán ofrecer sacrificios? ¿Terminarán en un día? ¿Harán revivir las piedras de los escombros polvorientos, aun las quemadas?» (Nehemías 4:2).

¡Vaya! Eso me resulta *muy* familiar. Porque cada vez que intento cambiar mi vida o lograr una meta, también escucho susurros en mi cabeza. Esos susurros preguntan burlonamente:

- *¿Qué estás haciendo?*
- *¿Vas a restaurar realmente esta parte de tu vida?*
- *¿Crees que puedes lograrlo en un día?*
- *Esa parte de tu vida está muerta.*
- *¿Crees que puedes devolverla a la vida?*

A veces el antagonismo no proviene de adentro. También podemos tener en nuestras vidas a algunos Sanbalats que dudan manifiestamente de nuestra capacidad de cambio.

A pesar de las críticas, el pueblo continuó construyendo la muralla un ladrillo a la vez. Nehemías dio este informe de progreso: «Y edificamos la muralla hasta que toda la muralla estaba unida hasta la mitad de su altura, porque el pueblo tuvo ánimo para trabajar» (Nehemías 4:6).

Se podría pensar que llegar a la mitad de la altura sería algo para celebrar. No. Porque la mitad del camino es un lugar desafiante. Puedes ver que has progresado. *¡Síííí!* Pero también puedes ver lo mucho que te queda por recorrer. *¡Caramba!* ¡Es exactamente por eso que la mitad del camino es un lugar tan fácil para desanimarse!

Eso es lo que sucedió con los judíos. «Pero se decía en Judá: "Desfallecen las fuerzas de los cargadores…"» (Nehemías 4:10). Ellos pensaron que estarían más adelantados. Se desilusionaron. Consideraron renunciar.

Es probable que te encuentres en ese mismo lugar. Suele suceder así:

1. Empiezas por definir una victoria.
2. Haces algunos progresos y te sientes bien por ello.

3. Te das cuenta de que aún te queda un largo camino por recorrer.

Después de definir tu destino y avanzar un poco, descubres que el viaje es más lento y largo de lo que esperabas. Desilusionado, te preguntas: *¿Por qué no he avanzado más?* Abandonar suena bien.

Ese es el obstáculo que todos tenemos que vencer. Construyes tu vida ladrillo a ladrillo. Así que la constancia es la clave. La constancia a largo plazo. Querrás renunciar, pero no puedes hacerlo, porque lo que persigues es demasiado importante.

Entonces, ¿qué haces cuando quieres abandonar?

En su historia, vemos que cada vez que Nehemías se sentía desanimado, oraba. *Doce veces* lo vemos enfrentarse a la oposición y orar en respuesta. Nehemías conocía una verdad que debemos entender: no podemos continuar haciendo las cosas correctas de manera constante, a largo plazo, con nuestro propio poder.

Necesitamos un poder que no poseemos. Necesitamos el poder de Dios. Necesitamos acceder al poder de Dios. Por eso vamos a aprender a hacer precisamente eso en la última sección de este libro.

Nehemías continuó orando y animando a la gente. Siguieron trabajando. Y estaban haciendo progresos. Las circunstancias nunca fueron perfectas, pero nada lo es.

He aquí otra gran verdad que aprender: debemos valorar el progreso por encima de la perfección. Permíteme repetirlo: debemos valorar el progreso por encima de la perfección.

Tropezarás. Te caerás. Tu viaje no será perfecto. Pero sigue avanzando en la dirección correcta. Tu meta no es la perfección, es el progreso.

Nehemías y su equipo siguieron trabajando, y finalmente lograron el objetivo. La muralla fue construida.

¿Adivinas cuánto tiempo les tomó?

> **Tu meta no es la perfección, es el progreso.**

«Así que el 2 de octubre, a los cincuenta y dos días después de comenzar la obra, se terminó la muralla» (Nehemías 6:15, NTV).

¡Espera! *¿Cincuenta y dos días?*

Durante ciento cuarenta *años* el pueblo vivió en peligro sin un muro. Durante ciento cuarenta años pensaron que no podían hacer nada para solucionar su problema. ¿Y el cambio que necesitaban se produjo en solo *cincuenta y dos días*? Todo ese tiempo en el que no tenían lo que querían, ¿podrían haberlo logrado en menos de dos meses?

¡Eso es una locura para mí! Pero también resulta muy genial.

El cambio requirió cincuenta y dos días. Creo que verás un cambio significativo en *tu* vida si practicas constantemente (recuerda, no perfectamente, sino constantemente) tu hábito estratégico.

Estoy seguro de que ya lo decidiste, pero quiero preguntarte una última vez: ¿cuál es el hábito estratégico que necesitas comenzar?

- ¿Pasar diez minutos al día en oración?
- ¿Limitar tu tiempo en Instagram a treinta minutos o menos al día?
- ¿Caminar un kilómetro después de la cena cada noche?
- ¿Escribir tres cosas por las que estás agradecido en un diario de gratitud al final de cada día?
- ¿Emplear los primeros diez minutos de cada día en priorizar y planificar tu tiempo?
- ¿Planificar una cita semanal con tu pareja o hijo?
- ¿Dar el diezmo para ayudarte a crecer en tu confianza en Dios?

Todo esto es fácil de hacer. Pero también resulta fácil de no hacer. Ese es el problema. Puedes sentir que no es gran cosa saltártelo. Sin embargo, ya no es así, ¿verdad? Vas a comprometerte a practicar constantemente tu hábito estratégico. Con la ayuda de

Dios, estarás construyendo tu vida un ladrillo a la vez. Si empiezas a practicar ese hábito constantemente, ¿qué impacto positivo podría tener en tu vida, incluso en solo cincuenta y dos días?

Durante años los psicólogos nos dijeron que un hábito podía formarse en solo veintiún días. Estudios recientes han refutado esa afirmación, informando que, para la persona promedio, se necesitan sesenta y seis días para crear un hábito duradero.[2] La buena noticia para los que nos hemos desanimado por unos veintiún días infructuosos es que, si los judíos pudieron construir su muro bajo oposición y amenazas en cincuenta y dos días, nosotros podemos lograr un cambio significativo si nos mantenemos constantes durante sesenta y seis días: dos meses y un poco más.

Además, ¿cuál es el hábito que debes abandonar estratégicamente?

- ¿Usar una tarjeta de crédito?
- ¿Levantar la voz con ira?
- ¿Salir con amigos que tienen una influencia negativa sobre ti?
- ¿Ver un determinado programa de televisión?
- ¿Gastar dinero en cosas (televisión por cable, Netflix, Starbucks, salir a almorzar, etc.) que te impiden pagar tus deudas?

¿Qué tienes que dejar de hacer? Me pregunto, si dejaras de hacerlo solo durante cincuenta y dos días, ¿qué impacto positivo podría tener en tu vida?

Lo sé: cada día, el efecto parecerá intrascendente. Es posible que al principio no veas ninguna diferencia. No obstante, el cambio está ocurriendo. *Estás* cambiando tu vida.

Lo estás haciendo un ladrillo a la vez. Eso es lo que diría Nehemías. Ladrillo a ladrillo.

Dios utiliza otra metáfora para expresar cómo esto sucede. Construyes tu vida una semilla a la vez. Semilla a semilla.

Ejercicio 20

¿Qué área de tu vida no es lo que era o lo que debería ser?

Comienza con la oración. Pídele a Dios que te ayude a desarrollar una estrategia.

Enumera algunos ladrillos en los que puedes centrarte en los próximos días para dar pasos pequeños y constantes.

Principio 20

Necesitamos un poder que no poseemos.

Valora el progreso por encima de la perfección.

Te ruego, oh Señor, Dios del cielo, el grande y temible Dios, que guarda el pacto y la misericordia para con aquellos que lo aman y guardan Sus mandamientos, que estén atentos Tus oídos y abiertos Tus ojos para oír la oración de Tu siervo, que yo hago ahora delante de Ti día y noche.

—Nehemías 1:5-6

4.3 Cosechas lo que siembras

He estado diciendo que los hábitos moldean tu vida. Tal vez te hayas preguntado: *¿Dónde nos dice eso Dios en la Biblia?*

En Gálatas 6.

Sin embargo, Dios no utiliza la palabra *hábitos*. Él emplea la metáfora de las semillas. ¿Por qué? En los tiempos bíblicos, la gente vivía en una sociedad agrícola. Nada se fabricaba ni se producía en los locales de comida rápida. La comida tenía que ser cultivada un ingrediente a la vez. La vida y la economía de estas personas se basaban en gran medida en la agricultura.

La gente de aquel entonces entendía el concepto de sembrar semillas y cosechar, así que he aquí lo que Dios inspiró a Pablo a escribir: «No se dejen engañar, de Dios nadie se burla; pues todo lo que el hombre siembre, eso también segará. Porque el que siembra para su propia carne, de la carne segará corrupción, pero el que siembra para el Espíritu, del Espíritu segará vida eterna. No nos cansemos de hacer el bien, pues a su tiempo, si no nos cansamos, segaremos» (Gálatas 6:7-9).

Establezcamos algunas definiciones para nosotros, que no somos agricultores.

- Sembrar significa plantar, poner las semillas en la tierra.
- Cosechar significa recoger el fruto, el resultado de la semilla plantada.

Así que el pasaje comienza: «No se dejen engañar». La idea es: no te dejes embaucar. No permitas que te mientan, ni seas estúpido.

Continúa: «de Dios nadie se burla». La palabra griega traducida como «burla» significa desdeñar o despreciar a alguien. Puedes hacerle eso a alguna persona, pero no a Dios. No te engañes, Dios no puede ser burlado. Puedes embaucar a mucha gente, pero no vas a embaucar a Dios.

Las siguientes palabras son: «pues todo lo que el hombre siembre, eso también segará». *Eso* es lo que tenemos que entender y no ser estúpidos. ¿Qué significa?

- Cosecharás lo que siembres.
- Obtendrás lo que deposites.
- Tus resultados estarán determinados por tus aportes.
- Los frutos de tu vida se basarán en las decisiones que tomes, los hábitos que comiences y los hábitos que abandones.

Pablo nos da un ejemplo espiritual sobre sembrar en la carne o en el Espíritu. La carne se refiere a nuestra naturaleza pecaminosa. Algunos siembran (o plantan semillas) en la carne, lo que significa que hacen aquello que es malo, impío y pecaminoso. ¿El resultado? Cosechan (o recogen) destrucción. Las malas decisiones conducen a malas consecuencias.

Otros siembran (o plantan semillas) en el Espíritu, lo que significa que dejan que el Espíritu Santo los guíe y les dé poder, y hacen aquello que honra a Dios. ¿El resultado? Cosechan (o recogen) la vida eterna. Así que si vives tu vida con Dios y para Él, eso es lo que obtendrás de ella. No solo ahora, sino (en especial) eternamente. Si vives tu vida para ti mismo, ignorando a Dios, apartado de Él, eso es lo que conseguirás. No solo ahora, sino (en especial) eternamente.

Sin embargo, esto no solo es verdad en términos espirituales y eternos. Así funciona toda la vida. Cosechamos lo que sembramos.

Hay una ley que funciona. No es una ley como: «¡Debes hacer esto!». Más bien, como la gravedad, es una ley de la naturaleza. Así es como funciona el mundo. No tiene que gustarte. No tienes que estar de acuerdo con ella. La gravedad funcionará para ti, y sobre ti, de la misma manera que funciona con todo el mundo. Si saltas, subirás. Entonces la gravedad te hará bajar. Decimos que la gente «cae hacia arriba», pero eso no es cierto. La gente siempre cae hacia abajo. La gravedad es una ley natural.

Dios nos dice que hay una ley de siembra y cosecha.

Si siembras semillas de manzana, obtendrás manzanos. Si siembras semillas de naranja, no te engañes, no seas estúpido y esperes manzanas. Puedes imaginarte a un agricultor en sus campos: *Espera. ¿Qué es esto? Quería manzanas. ¿Por qué obtuve naranjas?* ¡Es porque sembraste semillas de naranja! Si siembras maíz, cosecharás maíz. No siembres maíz si quieres piñas. Eso sería una estupidez. Cuando plantas un determinado tipo de semilla en la tierra, obtienes una cosecha que se corresponde con la semilla que sembraste.

Justo. Cada. Vez. Cosechas lo que siembras.

Eso es cierto en la agricultura. También lo es en la vida.

Si siembras buenos hábitos, obtendrás buenos resultados. Si siembras malos hábitos, no te engañes ni esperes buenos resultados.

Espera. ¿Qué es esto? Yo no quería tal cosa. ¿Por qué está sucediendo esto?

Porque eso fue lo que sembraste. Te engañaste pensando que podías sembrar una cosa y cosechar otra.

Parece una locura que alguien pueda hacer eso, pero sucede todo el tiempo. Un tipo siembra semillas de lujuria. Mira a las chicas en el gimnasio, a las chicas en su oficina, a las chicas en Internet. Sin embargo, espera tener un buen matrimonio. Entonces, cuando su matrimonio

> **Si siembras buenos hábitos, obtendrás buenos resultados. Si siembras malos hábitos, no te engañes ni esperes buenos resultados.**

tiene problemas, se siente confundido. *Espera. ¿Qué es esto?* Fue lo que sembró.

Una mujer siembra semillas de crítica y negatividad, pero espera tener buenas amigas. La gente la evita. Se siente sola. Ella piensa: *Espera. ¿Qué es esto? Supongo que tengo malas amigas.* No. Fue lo que sembró.

Un recién graduado de la universidad siembra la semilla de llegar tarde al trabajo y esforzarse a medias, pero espera un ascenso. Cuando le dan el ascenso a otra persona, el joven adulto piensa: *Espera. ¿Qué es esto? ¡Caramba, mi jefe no es justo!* No. Fue lo que sembró.

Un tipo come lo que quiere. *¡Alabado sea el Señor y pásame los Doritos!* No hace ejercicio. Se toma un paquete de seis cervezas el viernes para celebrar que es viernes. Y un paquete de seis cervezas el sábado porque, bueno, es sábado. Y un paquete de seis cervezas el domingo porque es el último día del fin de semana. Acaba con treinta y cinco libras de sobrepeso a los cuarenta años y con cirrosis a los cincuenta. *¡Oye! ¿Qué es esto? No es justo. ¿Dios me está castigando por algo que hice cuando era niño?* No. No es un castigo. Es una cosecha. Está cosechando lo que sembró.

Cuando a las personas les va mal en sus matrimonios, amistades o carreras, se molestan y con frecuencia culpan a Dios. *Ay, no.* Dios no te hizo esto. *Tú* mismo te lo hiciste.

Si siembras buenos hábitos, obtendrás buenos resultados.

Si siembras malos hábitos, no esperes buenos resultados.

Cosechas lo que siembras.

Si no te gusta lo que recoges, cambia lo que siembras. Si no te gusta la cosecha, cambia la semilla.

He aquí una tarea divina: considera con honestidad y oración los aspectos decepcionantes de tu vida. Pídele a Dios que te ayude a escudriñar tu corazón. Luego identifica los hábitos que han llevado a cada aspecto de tu vida que no es lo que quieres. Evita tener una mentalidad de víctima o culpar a otros. Eso no ayudará. Asume la responsabilidad identificando los hábitos que has sembrado y te han llevado a esa cosecha. Luego decide qué tipo de semilla vas a sembrar constantemente para obtener una cosecha mejor.

Si no te gusta lo que estás cosechando, cambia lo que estás sembrando.

Porque cosechas lo que siembras.

Y en realidad es incluso más grande que eso.

Ejercicio 21

Aquí está la tarea que acabamos de asignar. Utiliza este patrón para todas las áreas de la vida que necesites abordar.

Dios, he sembrado _____ *y he cosechado* _____ *debido a mi hábito de* _____ .

Para cambiar este resultado, necesito comenzar o abandonar mi hábito de _____ ,
así que ayúdame a sembrar las semillas de _____
_____ *para poder cosechar* _____
_____ .

Principio 21

Si no te gusta lo que estás recogiendo, cambia lo que estás sembrando. Si no te gusta la cosecha, cambia la semilla.

Siempre se cosecha lo que se siembra. Los que viven solo para satisfacer los deseos de su propia naturaleza pecaminosa cosecharán, de esa naturaleza, destrucción y muerte; pero los que viven para agradar al Espíritu, del Espíritu, cosecharán vida eterna.

—Gálatas 6:7-8, NTV

4.4 Cosechas más de lo que siembras

Así que ahora que has interiorizado la idea de que cosechas lo que siembras, es el momento de que te quedes boquiabierto.

No solo cosechas *lo que* siembras.

Cosechas *más* de lo que siembras.

Así funciona la agricultura. Si plantas un grano de trigo en la tierra, producirá un tallo con tres espigas o cabezas de trigo. Una espiga puede contener de quince a treinta y cinco granos. Así que un grano produce unos cien granos. Si siembras esos granos, producirán unos diez mil granos.

Eso es cierto en la agricultura. También es cierto en la vida. Cosechas más de lo que siembras. No solo obtendrás lo que aportaste. Sacarás mucho más de lo que pongas.

Sin embargo, ¿por qué se cosecha más de lo que se siembra?

Hay dos poderosos factores en juego, pero a menudo los ignoramos.

El efecto acumulativo

El efecto acumulativo es el poderoso resultado producido por una acción que, aunque sea pequeña, ocurre una y otra vez durante un largo período de tiempo.

Digamos que te hago una oferta. Te daré un centavo mágico que se duplica cada día durante un mes. Así que el primer día es un centavo. El segundo día son dos. El tercer día son cuatro, y así sucesivamente.

Sin embargo, luego te doy una opción: te doy ese centavo o cinco millones de dólares. ¿Qué deberías elegir? Los cinco millones de dólares, ¿verdad? ¡No! (Gracias por jugar. Don, cuéntale a nuestro invitado sobre los encantadores regalos de despedida).

Al final de los treinta días, ese centavo valdría 5.368.709 dólares. A menos que sea un mes de treinta y un días, entonces duplícalo el día extra y valdría 10.737.418 dólares. Serías un tonto si aceptaras los cinco millones de dólares.[1]

No obstante, a menudo nos conformamos debido a que descartamos el efecto acumulativo: el poderoso impacto de algo que ocurre una y otra vez durante un largo período de tiempo.

El efecto compuesto

El segundo factor importante que debemos comprender es el efecto compuesto. Esto se llama típicamente «interés compuesto», utilizado en referencia a las finanzas. Es el interés que se obtiene sobre el interés. Digamos que pones 1.000 dólares en un fondo indexado. Entonces obtienes diez por ciento de interés. Al final del año, tendrías 1.100 dólares. Si dejas los intereses, al año siguiente ganarás intereses no solo por la inversión original de 1.000 dólares, sino también por los 100 dólares de intereses que ganaste. Al mismo diez por ciento de interés, un año después tendrás 1.210 dólares en tu cuenta. Cada año ganarás intereses sobre tu inversión inicial *y* sobre los intereses acumulados.

Si dejas los 1.000 dólares en esa cuenta durante veinticinco años, se convertirán en más de 10.000 dólares. Se supone que Albert Einstein dijo: «La fuerza más poderosa del universo es el interés compuesto».[2]

Comprender el significado de estos principios cambiará tu vida. De hecho, ya ellos le han dado forma a tu vida.

Lo que eres hoy se debe a los efectos acumulativos y compuestos. Lo que serás mañana se debe a los efectos acumulativos y compuestos. En su mensaje especial al principio del libro de Darren Hardy, *El efecto compuesto*, Anthony Robbins escribe: «Las decisiones le dan forma a tu destino [...] Las pequeñas decisiones cotidianas te llevarán a la vida que deseas o al desastre por defecto».[3]

¡Eso es muy cierto! Así que hagamos que esos principios trabajen para nosotros, no en nuestra contra.

Permíteme darte algunos ejemplos para que puedas ver mejor cómo funcionan estos principios en nuestras vidas.

> **Lo que eres hoy se debe a los efectos acumulativos y compuestos.**

En las finanzas

Si una persona de cuarenta años quiere tener un millón de dólares en ahorros a los sesenta y cinco años y obtener una tasa de interés típica para un buen fondo o índice de inversión:

- Tiene que invertir 20 dólares al día, todos los días.
- Eso son 7.300 dólares invertidos cada año.
- Eso son unos 182.500 dólares invertidos para tener un millón de dólares a los sesenta y cinco años.

Si un veinteañero quiere tener un millón de dólares en ahorros a los sesenta y cinco años:

- Tiene que invertir solo 2 dólares al día.
- Eso es apenas más de 700 dólares al año.
- Eso son unos 30.000 dólares invertidos para tener un millón de dólares a los sesenta y cinco años.

¡Vaya!

Vuelve a leer esas cifras.

¿Por qué?

Porque el efecto acumulativo del interés compuesto es una locura.

Si quieres ganar financieramente, empieza ahora y haz constantemente lo pequeño y correcto.

En lo físico

¿Has tenido alguna vez un paquete de cien calorías? El problema que descubres cuando abres un paquete de cien calorías es que no hay prácticamente nada adentro. Consigue una bolsa de cien calorías de galletas OREO. Descubrirás que no son realmente galletas OREO, sino que son muy *delgadas* y hay muy pocas en la bolsa. *¿Qué esperabas por cien calorías? ¿Galletas de verdad?*

Cien calorías es casi nada.

Cuando decidas comerlo, el refrigerio extra de cien calorías te parecerá una decisión inútil.

Sin embargo, fíjate en esto: cada día quemas un determinado número de calorías. Si comes solo cien calorías menos (el equivalente a una de esas bolsitas) de las que quemas cada día, perderás diez libras en un año.

Si comes solo cien calorías más de las que quemas cada día, ganarás diez libras en un año.

Es una diferencia de veinte libras.

Cien calorías es casi nada, pero cien calorías diarias es algo. Porque estás añadiendo los ingredientes mágicos de la repetición y el tiempo. James Clear escribe: «El tiempo amplía el margen entre el éxito y el fracaso. Multiplicará todo lo que le des. Los buenos hábitos hacen que el tiempo sea tu aliado. Los malos hábitos hacen que el tiempo sea tu enemigo».[4]

Una pequeña diferencia cada día se suma y se multiplica con el tiempo.

Este es el efecto acumulativo del interés compuesto. O de las calorías.

En lo espiritual

Esto es más difícil de ver, ya que no es cuantificable, pero estos principios también se aplican espiritualmente.

Lees sobre un héroe espiritual, como Billy Graham. O conoces a alguien que está cerca de Dios y tiene un poderoso impacto en las personas para él. Piensas: *Yo quiero eso. Me gustaría ser como esa persona.*

Bueno, puedes serlo.

Hay una razón por la que esas personas están cerca de Dios y se han convertido en una fuerza espiritual. Ellas practican constantemente disciplinas espirituales que las conectan con Dios. Pregúntales. Supongo que te dirán

> Una pequeña diferencia cada día se suma y se multiplica con el tiempo.

que leen sus Biblias, oran casi todos los días, y asisten a la iglesia y a un grupo pequeño cada semana. John Wesley se levantaba todos los días a las cuatro de la mañana para orar. Martín Lutero oraba tres horas cada día.[5]

Escuchar un sermón, orar un día o hacer un estudio bíblico hará solo una pequeña diferencia. Sin embargo, con constancia, esas pequeñas diferencias hacen una gran diferencia. Se acumulan.

C. S. Lewis, un brillante pensador y autor cristiano, escribió sobre esto en su libro *Mero cristianismo*: «El mal y el bien aumentan los dos a un interés compuesto. Por eso, las pequeñas decisiones que vosotros y yo hacemos todos los días son de una importancia infinita. La más pequeña buena acción de hoy es la conquista de un punto estratégico desde el cual, unos meses más tarde, podremos avanzar hacia victorias con las que nunca soñamos. Ceder hoy a nuestra ira o nuestra lujuria, por trivial que sea esa concesión, es la pérdida de un camino, una vía férrea o un puente desde los que el enemigo puede lanzar un ataque de otro modo imposible».[6]

Tomar una decisión sabia o hacer algo bueno hoy para Dios puede parecer insignificante. Pero sigue haciéndolo. No tienes ni idea de la importancia que puede llegar a tener en el futuro.

Lo contrario también es cierto.

Cuando no practicamos un hábito espiritual esencial, o cuando elegimos pecar, aunque pensemos que se trata de un incidente aislado, no lo es. La Biblia dice que una pequeña elección puede «da[r] lugar al diablo» (Efesios 4:27, NTV) para que entre y trabaje en nuestras vidas. Se nos dice que una pequeña desobediencia, un pequeño pecado, puede «endure[cer] el corazón» y tiene la capacidad de «alejar[nos] del Dios vivo» (Hebreos 3:8, 12, NTV).

Cuando nos sometemos y obedecemos a Dios, esto puede parecer una decisión de una sola vez. Sin embargo, no es así. Nos estamos entrenando para ser fieles. Ese acto de obediencia demuestra que somos dignos de confianza, nos entrena en la fidelidad y ablanda nuestro corazón para seguir diciéndole que sí a Dios (Ezequiel 11:19-20; 36:26-27).

Este es el efecto acumulativo del interés compuesto.

Las cosas pequeñas

Hace algunos años había un libro que animaba a la gente a no «sufrir por las cosas pequeñas» y a darse cuenta de que «todo es poca cosa».[7]

Eso puede ser cierto cuando se trata de las preocupaciones, pero no existen las «cosas pequeñas» cuando se trata de nuestros hábitos y decisiones.

Debido al efecto acumulativo y el interés compuesto:

- Ahorrar dos dólares al día y ponerlos en una cuenta de jubilación no es poca cosa.
- Comerse una bolsa de cien calorías extras no es poca cosa.
- Decidir no hacer ejercicio hoy no es poca cosa.
- Decirle a tu pareja «te quiero» otra vez no es poca cosa.
- Tomar una copa de más no es poca cosa.
- Escribirle una carta de ánimo a tu hijo no es poca cosa.
- Sacar un par de minutos para orar antes de empezar el día no es poca cosa.

Así es como funciona la vida. Lo que haces cada día te está convirtiendo en la persona que llegarás a ser y te está llevando a la vida que vivirás. Lo que haces ocasionalmente no resulta determinante. Lo que haces constantemente determina todo. Debido al efecto acumulativo y el interés compuesto, un pequeño cambio puede cambiarlo todo.

Esa es la ley de la siembra y la cosecha.

Cosechas lo que siembras.

Y cosechas más de lo que siembras.

Pero espera, aún hay más.

Ejercicio 22

Da algunos ejemplos de tu vida en los que hayas visto obrando el efecto de las elecciones acumulativas y compuestas, ya sean positivas o negativas.

En lo financiero:

En lo físico:

En lo espiritual:

¿Cuál fue la decisión más pequeña que tomaste y tuvo el mayor impacto en tu vida?

¿Cuál fue la mayor «cosa pequeña» que tuvo un impacto en tu vida, como por ejemplo una palabra de aliento, un acto de bondad o un simple regalo de parte de alguien?

¿Cuál fue la última «cosa pequeña» que hiciste que impactó a otra persona?

Principio 22

Cosechas más de lo que siembras.

Un pequeño cambio puede cambiarlo todo.

A los que usan bien lo que se les da, se les dará aún más y tendrán en abundancia; pero a los que no hacen nada se les quitará aun lo poco que tienen.

—Mateo 25:29, NTV

4.5 Cosechas después de sembrar

El agricultor quiere aguacates. Conoce la ley de la siembra y la cosecha, así que siembra semillas de aguacate.

Imagínate que agarra esas *grandes* semillas y las planta en la tierra. Y luego observa el terreno.

¿Y bien?

Pasa un minuto.

¿Y bien?

Sigue mirando impacientemente la tierra donde ha sembrado esas *enormes* semillas. Pasa otro minuto.

¿Y bien? ¿Qué está sucediendo aquí?

Un agricultor nunca haría eso. Los agricultores saben que no solo se recoge lo que se siembra, sino que también se cosecha *después* de la siembra. La cosecha tiene lugar en una temporada diferente. Se siembra en una estación y luego hay que esperar a otra para la cosecha.

Lo mismo ocurre en la vida. Sin embargo, muchas veces no nos damos cuenta de tal cosa. Y por eso nos desanimamos. Por eso concluimos erróneamente que las pequeñas decisiones no importan. Por eso sentimos la tentación de renunciar.

- «Queremos que nuestro matrimonio sea mejor. Llevamos un mes acudiendo a terapia. Seguimos discutiendo. ¡Renunciamos!».
- «Decidí que quería perder peso. Fui al gimnasio las últimas dos semanas. Tres veces cada semana. ¡Y solo perdí una libra! Renuncié».

- «Esta semana leí la Biblia todos los días, pero no me he sentido más cerca de Dios. Renuncio».
- «Debo 22.000 dólares en préstamos estudiantiles. Decidí pagarlos más rápido trayendo el almuerzo al trabajo en lugar de comprarlo. Lo hice durante todo el mes. Solo he ahorrado trescientos dólares. Con eso no voy a pagar mi deuda. Renuncio».

¡No, no renuncies! Sigue yendo a la terapia. Sigue yendo al gimnasio. Sigue leyendo tu Biblia. Y «solo» trescientos dólares ahorrados cada mes sumarán casi 4.000 dólares al final del año. Si sigues adelante, pronto pagarás la totalidad de los 22.000 dólares. (Recuerda también que el pago de la deuda disminuye tanto los intereses acumulados como el capital adeudado).

¡No te rindas! Recuerda que lograr la vida que deseas será el resultado de innumerables decisiones aparentemente pequeñas, practicadas de manera constante a lo largo del tiempo. Te parecerán insignificantes, pero con cada acción estás eligiendo una dirección.

Volvamos al pasaje de Gálatas 6. El versículo 9 siempre me inspira: «Así que no nos cansemos de hacer el bien. A su debido tiempo, cosecharemos numerosas bendiciones si no nos damos por vencidos» (NTV).

Resulta muy fácil «cansarse de hacer el bien». Créeme, soy pastor.

Cuando tu matrimonio, tu salud, tus finanzas o tu impacto espiritual pasan por dificultades, piensas: *Eso está mal y nunca mejorará*. Te cansas de tratar de mejorar las cosas. Intentaste cambiar, pero no funcionó. Y eso confirmó tu creencia de que eres patético y siempre estarás estancado.

Esas. Son. Mentiras.

Por eso se nos anima a no cansarnos ni rendirnos. Estás en una estación, y si no te rindes, un día vas a despertar en una nueva estación. Y recogerás una cosecha. Te darás cuenta de que tu trabajo duro, tu disciplina, tus sacrificios y tu fidelidad nunca fueron desperdiciados. Tus esfuerzos solo se estaban acumulando.

Imagina que pones una olla llena de agua a temperatura ambiente en una estufa. Si el fuego arde constantemente, el agua se calentará hasta los 85 grados. Luego a 97 grados. Luego a 114 grados. Luego a 139. Luego a 187. Luego a 201. Con el tiempo, llegará a los 211 grados. ¿Qué tendrás entonces? Agua muy caliente. Pero luego, finalmente, el agua subirá otro grado. Entonces, ¿qué tendrás? Agua hirviendo.

Si estás esperando a que el agua hierva a los 211 grados, te sentirás frustrado. *¡He estado esperando una eternidad! El fuego no parece hacer su trabajo.* De hecho, a los 211 grados es cuando más tiempo llevas esperando y cuando más frustrado te sientes. Sin embargo, el agua nunca ha estado tan cerca de hervir. Y el fuego ha estado causando su efecto. Es solo que el efecto se ha ido acumulando. Si esperas un minuto más, tendrás un agua a 212 grados que está hirviendo.

Lo mismo ocurre en nuestras vidas.

¿Qué pasa si te rindes y dejas de orar por tu hijo pródigo a los 211 grados y al día siguiente hubiera sido el punto de ebullición, el verdadero avance?

¿Qué pasa si te rindes y dejas de animar a tu cónyuge a los 211 grados y la siguiente palabra hubiera sido el punto de ebullición, la reconciliación?

¿Qué pasa si te rindes y dejas de llamar para ver cómo está tu amigo no creyente a los 211 grados y la siguiente llamada hubiera sido el punto de ebullición, la rendición?

> **Tu trabajo duro, tu disciplina, tus sacrificios y tu fidelidad nunca fueron desperdiciados. Tus esfuerzos solo se estaban acumulando.**

James Clear le llama a la espera entre la siembra y la cosecha la «meseta del potencial latente» o el «valle de la decepción».[1] Es entonces cuando sentimos la tentación de renunciar. Y es por eso que necesitamos entender que cosechamos *después* de haber sembrado.

En el valle de la decepción, nos parece que todo lo que hemos intentado ha sido inútil. No es así. «Este trabajo no ha sido en vano», escribe Clear, «simplemente se ha acumulado».[2]

Un día, te despiertas y te das cuenta de que tu matrimonio es mejor de lo que nunca pensaste que podría ser.

Un día, te despiertas y te das cuenta de que tu ropa de talla «pequeña» te vuelve a quedar bien.

Un día, te despiertas y te encuentras dirigiendo un estudio bíblico cuando antes sentías que nunca serías digno de hacer algo así.

Un día, te despiertas libre de deudas y te das cuenta de que estás dando más generosamente de lo que nunca imaginaste.

Y las personas mirarán tu vida y dirán: «Qué suerte tienes».

¡Ja!

La suerte no se presentó. Lo que sucedió fue que empezaste a hacer de manera constante lo que solías hacer ocasionalmente. Y la constancia hizo toda la diferencia. Un ladrillo a la vez.

Pensarán que es suerte porque las pequeñas cosas que nadie ha visto —las semillas en la tierra— han llevado a los grandes resultados que todos desean ahora.

No te han visto levantarte temprano. Hacer ejercicio. Orar. Ayunar. Ir a tu grupo de apoyo. Decir no cuando querías decir sí. Entrenar. Confesar. Sudar. Contener la lengua. Escribir notas de ánimo. Dejar el teléfono. Buscar consejería.

No sabrán lo que es el trabajo duro, la perseverancia, el dolor. Cómo te caíste, pero te levantaste. Las oraciones desesperadas. Tu disciplina diaria. Cómo quisiste renunciar, pero te negaste a hacerlo.

No sabrán nada de eso. Solo envidiarán los cambios que hiciste y pensarán que eres «afortunado» o «bendecido».

No obstante, eso es solo si no renuncias. Recogerás una cosecha si no renuncias.

> **Recogerás una cosecha si no renuncias.**

Así que no renuncies a:

- Creer
- Orar
- Compartir tu fe
- Luchar para mantenerte puro
- Levantarte temprano
- Decir «te quiero»
- Pedir
- Caminar hacia adelante
- Tener fe en que Dios te liberará de la adicción
- Estudiar
- Perdonar
- Salir de deudas
- Sacrificar
- Elegir lo que más quieres por encima de lo que quieres ahora

Sigue haciéndolo.

Con constancia.

Día tras día.

Una decisión correcta a la vez.

No juzgues el éxito de cada día por lo que cosechas. Juzga el éxito por las semillas que siembras.

¿Hiciste las cosas correctas?

¿Honraste a Dios?

¿Diste un paso en la dirección correcta?

No te vuelves exitoso cuando logras la meta en el futuro. Eres exitoso cuando practicas tu hábito estratégico hoy. El éxito es hacerlo constantemente en lugar de ocasionalmente.

No verás hoy los resultados que quieres. Sé paciente. Sembraste las semillas adecuadas. La cosecha llegará.

No será porque tengas las mejores intenciones o grandes esperanzas, sino porque tus acciones determinaron tu dirección. Tus hábitos te cambiaron. Día tras día, le diste forma a tu vida haciendo las pequeñas cosas correctas. Estas se sumaron y multiplicaron, se acumularon y compusieron, y te convirtieron en la persona que serás dentro de diez años. Puedo predecirlo. Puedo ver al futuro tú y:

Eres. Increíble.

Recogerás una cosecha.

Si no renuncias.

■ ■ ■

Espero y oro que te haya inspirado.

Espero que estés entusiasmado.

Sin embargo, tengo malas noticias.

No quiero decirlo. Especialmente ahora, cuando te sientes listo para conquistar el mundo. Pero tengo que decirte la verdad.

Así que aquí va: no eres capaz de hacerlo.

No puedes seguir haciendo las cosas correctas de manera constante, a largo plazo, con tu propio poder. ¿Lo recuerdas?

Seamos sinceros.

Te desanimarás y renunciarás. Ya sabes, tú te conoces. No posees lo que necesitas para el éxito.

A menos que consigas el ingrediente secreto.

Ejercicio 23

¿En qué te has rendido y necesitas la ayuda de Dios para volver a empezar?

¿Con respecto a qué estás luchando y siendo tentado a rendirte y necesitas la ayuda de Dios para resistir?

¿Dónde estás experimentando una cosecha y cosechando más de lo que sembraste?

Principio 23

Recogerás una cosecha si no te rindes.

Son como árboles plantados a la orilla de un río, que siempre dan fruto en su tiempo. Sus hojas nunca se marchitan, y prosperan en todo lo que hacen.

—**Salmos 1:3, NTV**

Quinta parte

El poder de Dios. No la fuerza de voluntad.

5.1 Yo no puedo

Ella permaneció sentada en el inodoro durante dos años.

Una mujer de treinta y cinco años de Ness City, Kansas, se sentó en un inodoro y no se levantó hasta que su novio llamó finalmente a la policía dos años después. El sheriff del condado de Ness explicó que, a lo largo de esos dos años, su piel había crecido alrededor del asiento. Se había quedado pegada al inodoro. Al parecer, su novio le llevaba comida y agua todos los días, y le pedía que saliera del baño.

¿Su respuesta? «Tal vez mañana».[1]

Cuando escuché la historia por primera vez, no supe qué pensar. Tenía muchas preguntas. Sobre todo: *¿Por qué no se levantó?*

Entonces me di cuenta de que... yo he sido esa mujer. He tenido momentos en los que me he sentido atascado. Mirando ahora hacia atrás, no puedo creer que haya permanecido en la misma situación durante tanto tiempo. Recuerdo que me sentía incapaz. Quería liberarme, pero me sentía impotente. Al igual que ella, pensaba: *Tal vez mañana.*

Es probable que haya un área de tu vida en la que te sientas atascado ahora mismo:

- Tú y tu cónyuge han estado estancados durante varios años en los mismos patrones relacionales poco saludables.
- Tú y tu hijo adolescente han estado estancados en los mismos patrones relacionales poco saludables durante algunos años.

- Estás atascado mirando tu teléfono y te das cuenta de que tienes algún tipo de adicción a las redes sociales.
- Estás atrapado en un trabajo que detestas.
- Estás estancado en un espíritu crítico y quejoso que sabes que molesta a los demás.
- Estás atascado con el colesterol o la presión arterial altos.
- Estás atascado espiritualmente, sabiendo que hay mucho más que puedes experimentar con Dios si solo dieras esos siguientes pasos de fe.

Podrías reconocer que el problema es peor que estar atascado. Tu situación se siente muerta.

Puedes creer que tu matrimonio está muerto. La pasión es cosa del pasado. El amor se ha perdido. Lo que queda se siente sin vida.

Tu situación económica puede parecer enterrada a seis metros bajo las deudas. Parece que no hay forma de salir de ahí. Tus finanzas parecen muertas.

¿Cómo puedes salir del atolladero? ¿Cómo puedes librarte de la muerte?

Hemos visto algunos de los escritos del apóstol Pablo, pero muchos no conocen su historia. Pablo era judío. Cuando el cristianismo comenzó, se opuso violentamente al movimiento. Pero entonces tuvo un increíble encuentro con Jesús después de que este resucitara. Pablo realmente experimentó al Cristo resucitado de una manera sobrenatural.

De la noche a la mañana, pasó de ser un asesino de cristianos a ser un pastor cristiano. Dios hizo milagros a través de Pablo, incluyendo la resurrección de los muertos. Él se convirtió en un seguidor notable e increíblemente devoto de Jesús, así como en uno de los más grandes predicadores, fundadores de iglesias y gigantes espirituales en la historia del mundo. Sin embargo, en una carta a los cristianos de Roma, escribió que se sentía estancado y que hacía todo lo posible por cambiar. Pero el cambio no duró, por lo que volvió a sentirse estancado.

Realmente no me entiendo a mí mismo, porque quiero hacer lo que es correcto pero no lo hago. En cambio, hago lo que odio. Pero si yo sé que lo que hago está mal, eso demuestra que estoy de acuerdo con que la ley es buena. Entonces no soy yo el que hace lo que está mal, sino el pecado que vive en mí.

Yo sé que en mí, es decir, en mi naturaleza pecaminosa no existe nada bueno. Quiero hacer lo que es correcto, pero no puedo. Quiero hacer lo que es bueno, pero no lo hago. No quiero hacer lo que está mal, pero igual lo hago. Ahora, si hago lo que no quiero hacer, realmente no soy yo el que hace lo que está mal, sino el pecado que vive en mí.

He descubierto el siguiente principio de vida: que cuando quiero hacer lo que es correcto, no puedo evitar hacer lo que está mal. Amo la ley de Dios con todo mi corazón, pero hay otro poder dentro de mí que está en guerra con mi mente. Ese poder me esclaviza al pecado que todavía está dentro de mí. ¡Soy un pobre desgraciado! ¿Quién me libertará de esta vida dominada por el pecado y la muerte?

—Romanos 7:15-24, NTV

Lo que Pablo les escribió a los romanos en aquel entonces, podría habérnoslo escrito a nosotros hoy. Porque todos podemos relacionarnos con lo que él sentía. Todos hemos experimentado lo que decía, aunque no lo digamos como él. En su libro *Restore* [Restaurar], mi buen amigo y editor Vince Antonucci parafrasea lo que escribió Pablo. Su versión «actualizada» y con algo de humor es la forma en que podríamos expresarlo hoy:

En realidad, no me entiendo, porque quiero hacer lo que es correcto, pero no lo hago. Me digo a mí mismo que no debo gritarles a mis hijos, entonces oigo a alguien gritarles a mis hijos, y me doy cuenta de que soy yo. Hay algo malo dentro de mí que me lleva a hacer lo que no quiero hacer.

Me digo: «Pase lo que pase, no me desviaré de mi dieta. ¡Prometo que no haré ninguna excepción!». Entonces encuentro un pedazo de pizza en mi boca. Qué persona tan miserable soy. ¡Soy un esclavo de la pizza! Mientras trato de entender este poder que me hace esclavo del pecado, de repente me doy cuenta: ¡ahora estoy comiendo biscochos de chocolate! ¡Soy un esclavo de la pizza *y* de los biscochos!

He descubierto este principio de vida: cuando quiero hacer lo correcto, siempre hay algo malo que puedo mirar en Internet. No quiero mirar, pero hay algo en mí que lo hace de todos modos.

Cuando estoy a punto de decirle a mi mujer que es igual a su madre, sé que lo que voy a hacer está mal. Por eso decido no decirle a mi mujer que es igual que su madre. Entonces veo que se me abre la boca y salen las palabras. Oigo esas palabras. Suenan como... «Eres igual a tu madre». Es el pecado que vive en mí el que hace eso.

¿Quién me liberará de esta vida dominada por las cosas tontas que sigo haciendo? Una cosa sé con certeza: ¡no seré *yo*![2]

Todos podemos identificarnos con Pablo, porque él confesaba que se estaba muriendo por dentro.

Pablo deseaba hacer lo que Dios quería. Sin embargo, estaba atrapado en patrones de pecado, pensamientos erróneos, malos hábitos y comportamientos adictivos.

Él lo había intentado. Había tratado. Y nada había funcionado.

¿Has estado allí?

¿Por qué Pablo estaba atascado? ¿Por qué estamos atascados nosotros? ¿Por qué no hacemos cambios que perduren? Hasta ahora, hemos aprendido que puede ser porque:

1. Ponemos el hacer antes que el quién.
2. Intentamos en lugar de entrenar.
3. Esperamos el cambio en lugar de comenzar los hábitos correctos y abandonar los hábitos equivocados.
4. Hacemos de vez en cuando lo que deberíamos hacer constantemente.

Sin embargo, hay otra razón. Es importante. Aquí está: nos quedamos estancados porque confiamos en nuestra fuerza de voluntad en lugar de en el poder de Dios.

Creo que puedo. Eso es un problema. Porque no puedo.

Pablo admitió dolorosamente: «Lo intenté. Lo intenté con todo lo que tenía. Pensé que podía. Pero no puedo».

Durante años, esa fue la historia que yo también me repetía. Quería cambiar. Me sentía motivado. Sabía que podía. Luego descubría, una vez más, que no podía.

Un ejemplo: empecé a irme de fiesta en la escuela secundaria y continué en la universidad. Tenía familiares que eran alcohólicos, pero yo pensaba que podía manejarlo. Sabía que podía dejarlo cuando quisiera. Hasta que no pude. Decidía dejar de beber y acababa haciéndolo de nuevo. La realidad me golpeaba en la cara: *Pensé que podía, pero no puedo.* Estaba atascado. Se sentía como la muerte.

> Nos quedamos estancados porque confiamos en nuestra fuerza de voluntad en lugar de en el poder de Dios.

Has pasado por eso con tu propio problema, ¿verdad?

Quieres cambiar de alguna manera. Lo intentas. Haces progresos, y luego retrocedes. Terminas de nuevo en el mismo lugar. ¿O tal vez terminas más atrás?

¿Por qué?

Porque la fuerza de voluntad no funciona. Creemos que lo hace, pero no es así. Creemos que somos capaces, pero no podemos.

La fuerza de voluntad es como un músculo. Si la ejercitas demasiado, se fatiga y la fuerza que tienes empieza a disminuir.

Los investigadores llevan años comprobando esta dinámica. En uno de los primeros estudios se invitó a un grupo de personas a entrar a una habitación donde sintieron el aroma de galletas recién horneadas. Vieron una mesa con un plato de deliciosas galletas calientes y un tazón con rábanos. (Nadie ha utilizado nunca «calientes» o «deliciosos» para describir a los rábanos). Se animó a la mitad del grupo a disfrutar de algunas galletas. A la otra mitad se le pidió que ignorara las galletas y comiera los rábanos. (Nadie ha utilizado nunca «disfrutar» para describir el hecho de comer rábanos).

Después del refrigerio, el grupo dispuso de treinta minutos para completar un desafiante rompecabezas geométrico. Los comedores de galletas trabajaron en el rompecabezas durante casi diecinueve minutos. Sin embargo, las personas que se vieron obligadas a resistirse a las galletas abandonaron el intento de resolver el rompecabezas después de unos ocho minutos. El uso de la fuerza de voluntad para resistirse a las galletas había agotado sus (limitadas) reservas de fuerza de voluntad.[3]

Años de investigación apuntan a la misma conclusión:

> **La fuerza de voluntad es un recurso limitado. La fuerza de voluntad se agota.**

La fuerza de voluntad es un recurso limitado. La fuerza de voluntad se agota.

La fuerza de voluntad no funciona. Aun así, lo intentamos. Porque estamos desesperados por cambiar. Apretamos los dientes y lo damos todo.

Y al principio funciona durante un tiempo, hasta que nuestra fuerza de voluntad se debilita.

Hace poco te comprometiste a no comer dulces. Alguien trae rosquillas a tu oficina. Ves las rosquillas y sonríes, porque aunque eso demuestra que el diablo está vivo y coleando, sabes que no te comerás ninguna. Te has hecho esa promesa a ti mismo.

La segunda vez que pasas frente a ellas te sientes igual de fuerte. La tercera vez echas un vistazo para ver qué tipo de rosquillas hay en la caja. La cuarta vez piensas: *Caramba, esa con glaseado de chocolate y chispitas se ve deliciosa. Si fuera a comer una, esa es la que elegiría.* La quinta vez decides: *¿Sabes qué? Normalmente, me comería dos rosquillas. ¿Y si solo me comiera la mitad? Eso no estaría mal. ¡Comer la mitad de una rosquilla en lugar de dos mostraría un control increíble!* Así que cortas una por la mitad (sí, la que tiene glaseado de chocolate y chispitas) y te la comes.

Media hora después, te encuentras misteriosamente de nuevo en la sala de descanso. Te das cuenta de que nadie se ha comido la otra mitad. No puedes dejar que se desperdicie, así que te la comes. Entonces te dices a ti mismo que el hecho de esperar treinta minutos entre las dos mitades seguramente hará que engordes menos, ¿verdad?

¿Qué sucedió? Te quedaste sin fuerza de voluntad. La fuerza de voluntad languidece.

Perder la batalla de la fuerza de voluntad puede arrastrarnos a un ciclo de vergüenza. Esto es lo que ocurre:

«Me siento deficiente, mal, incompleto».

¿Por qué?

Porque «me preocupo todo el tiempo y el miedo me controla» o «No estoy lo suficientemente cerca de Dios» o «Soy muy grosero con la gente, y no quiero serlo».

Así que decides que vas a cambiar. «¡Ya no me voy a preocupar!» o «Me voy a levantar temprano para pasar tiempo con Dios» o «¡Seré amable con las personas incluso cuando esté de mal humor!».

Una ráfaga de motivación mezclada con fuerza de voluntad te da un poco de éxito, pero no dura mucho.

¿Por qué?

Tu fuerza de voluntad se agota y descubres que vuelves a ser la misma persona decepcionante de siempre.

Ese fracaso te abruma con la culpa, lo que refuerza tu evaluación negativa de ti mismo. «No solo me *siento* deficiente, mal e incompleto. Realmente *soy* deficiente, malo e incompleto».

Entonces, ¿qué haces? Lo intentas de nuevo.

Esta vez estás aún más decidido. Haces un pequeño progreso, pero de nuevo tu fuerza de voluntad disminuye y vuelves a tu antiguo comportamiento menos deseable.

Otra prueba de fracaso te lleva a sentirte más culpable. Finalmente, te convences de que en esencia tienes un defecto. «Algo está mal en mí, y siempre estará mal». No solo sientes vergüenza. Sientes que te ahogas en ella. Estás atrapado en un círculo vicioso y confiesas: «Siempre arruino todo. Soy un desastre, un perdedor, un fracaso total. Soy patético. No tengo lo que hay que tener. No valgo nada».

Te golpeas a ti mismo y te rindes.

■ ■ ■

Pablo cayó en el ciclo de la vergüenza cuando gritó en Romanos 7: «¡Soy un pobre desgraciado!» (v. 24, NTV).

¿Por qué seguimos dando vueltas en ese ciclo de vergüenza?

No porque seamos incapaces de cambiar, sino porque hemos intentado cambiar por nuestra cuenta. Por eso nos quedamos estancados: porque la fuerza de voluntad no funciona.

Con sus siguientes palabras, Pablo hizo la torturante pregunta: «¿Quién me libertará de esta vida dominada por el pecado y la muerte?» (v. 24, NTV).

Lo entiendo. Probablemente también lo entiendas. Por eso estás leyendo este libro.

Entonces, ¿qué hacemos?

Ejercicio 24

Mientras trabajas en este ejercicio, considera la progresión:

- Después de sentirnos atascados el tiempo suficiente, podemos sentirnos muertos.
- Después de sentirnos muertos el tiempo suficiente, podemos sentir vergüenza.
- Después de sentir vergüenza, nos rendimos y renunciamos.

Sé honesto sobre la profundidad de cualquier aspecto con respecto al cual sientas que no puedes cambiar.

Aspectos de mi vida en los que me siento atascado:

Aspectos de mi vida en los que me siento muerto:

Aspectos de mi vida en los que siento vergüenza:

Principio 24

Crees que puedes, pero no puedes.

He descubierto el siguiente principio de vida:
que cuando quiero hacer lo que es correcto, no
puedo evitar hacer lo que está mal. Amo la ley de
Dios con todo mi corazón, pero hay otro poder
dentro de mí que está en guerra con mi mente.
Ese poder me esclaviza al pecado que todavía está
dentro de mí.

—Romanos 7:21-23, NTV

5.2 Pero Dios puede

Nunca antes he mencionado el accidente.

En otros libros he hablado de mi primer auto. Este tenía múltiples personalidades, una cualidad de Dr. Jekyll/Mr. Hyde.

Genial: Tenía un alerón en la parte trasera y calcomanías de águila en cada lado.

No genial: Era un Buick de color marrón barro.

Genial: ¡Instalé un sistema estéreo Alpine!

No genial: El equipo de música solo funcionaba por la noche.

En esa época no sabía por qué. Pero fue debido a que conecté por error el equipo de música a los faros. Así que si los faros no estaban encendidos, no había «Jump» de Van Halen, ni «Bang Your Head» de Quiet Riot, ni «Here I Go Again» de Whitesnake, ni «Rock You Like a Hurricane» de Scorpions. Definitivamente eso no era genial.

El auto no era tan fabuloso como yo quería. Y entonces ocurrió el accidente. Esta es la parte de la historia de mi auto que nunca antes había compartido. Estaba conduciendo, con los faros encendidos, con «We're Not Gonna Take It» de Twisted Sister a todo volumen. La música inspiraba a las águilas (no a la banda, sino a las calcomanías) en los guardabarros delanteros. Ellas estaban volando con una independencia un poco más desafiante. Entonces, un tonto me chocó por detrás.

Pensé de inmediato: *¡No vamos a soportarlo más!* Estuve a punto de darle al señor cabeza de chorlito un puñetazo en la cara. En lugar de eso, le lancé mi mejor mirada de tipo duro e intercambiamos la información sobre el seguro.

Me despedí con tristeza de mis águilas, mi equipo de música nocturno y mi alerón, y dejé el auto en un taller para que lo repararan. Unos días más tarde, el mecánico me llamó para decirme que mi auto estaba listo. Cuando llegué, inspeccioné el auto genial/no tan genial para asegurarme de que todo estaba como debía. Fue entonces cuando me di cuenta:

Mi Buick Century era modelo «Sport Coupe». Estaba escrito justo debajo del alerón. O al menos había estado escrito anteriormente. El tipo que lo había arreglado pintó «Turbo Coupe» en lugar de «Sport Coupe». *¿Qué?* ¿Mi Sport Coupe era ahora un Turbo Coupe? ¡¡Sí!! ¡Un Turbo Coupe tenía un motor turboalimentado! Mucho. Más. Poder. Un Turbo Coupe aumentaba mi factor de genialidad con los chicos como en un setenta por ciento y aumentaba mis posibilidades con las chicas como en un siete por ciento.

A pesar de lo que decía en la parte trasera de mi auto, mi Buick Century no tenía realmente más poder.

Debido a que la fuerza de voluntad no funciona, tú y yo realmente necesitamos más poder. Podemos pensar que somos un Turbo Coupe, pero seguimos siendo solo un Sport Coupe.

Pablo sabía que necesitaba más poder. Por eso preguntó en Romanos 7:24: «¿Quién me libertará de esta vida dominada por el pecado y la muerte?» (NTV). Esa es la pregunta que todos necesitamos responder.

Sin embargo, Pablo respondió a su propia pregunta con su siguiente frase en el versículo 25: «¡Gracias a Dios! La respuesta está en Jesucristo nuestro Señor» (NTV).

Pablo entendió: *No puedo desatascarme por mí mismo, así que necesito un poder que no poseo.* El poder que encontró fue Jesús. Pablo descubrió: *Yo no puedo. Pero Dios puede.*

Descubrir esa misma verdad transformó mi vida.

Finalmente me di cuenta de que no podía hacer lo que no podía hacer porque lo intentaba con mi poder. Entonces aprendí a recurrir a Dios y a acceder a su poder. Eso funcionó. ¡Él funcionó! Yo podía hacer lo que no podía hacer... por medio de su poder. Pude dejar de hacer lo que no podía dejar de hacer... por medio de su poder.

«¡Gracias a Dios! La respuesta está en Jesucristo nuestro Señor».

Dios lo era todo. El poder de Dios.

La buena noticia es que el mismo poder que ayudó a Pablo y me ayudó a mí está disponible para ti. En realidad, esto es más exacto: el mismo poder que sacó a Jesús de la tumba, resucitado de la muerte a la vida, está disponible para ti.

Veamos algo que Pablo escribió en otra de sus cartas: «Y *Él les dio vida* a ustedes, que estaban muertos en sus delitos y pecados» (Efesios 2:1).

¡Vaya! La realidad es que no solo nos sentimos atascados, sino que estamos atascados. Peor que atascados, estamos muertos.

¿Te has dado cuenta de que las personas muertas no tienen mucho poder? Pídele a una persona muerta que te ayude a cargar una caja pesada o que echen un pulso con el brazo. No va a suceder. Los muertos no tienen mucho poder. Y *nosotros* estamos muertos. Sin poder.

Eso resulta desalentador. Sin embargo, Pablo proporcionó una verdad que induce a la esperanza. «También pido en oración que entiendan la increíble grandeza del poder de Dios para nosotros, los que creemos en él. Es el mismo gran poder que levantó a Cristo de los muertos» (Efesios 1:19-20, NTV).

> El mismo poder que sacó a Jesús de la tumba, resucitado de la muerte a la vida, está disponible para ti.

El mismo poder que Dios usó para resucitar a Jesús de entre los muertos está disponible para ti.

Si te sientes muerto en algún área de tu vida, no necesitas permanecer muerto. ¿Por qué? Porque el poder de la resurrección está disponible para ti. Si te sientes estancado, no necesitas quedarte así. Piénsalo. Si Dios pudo liberar a Jesús de la muerte en una tumba, ciertamente puede liberarte a ti.

En el siguiente capítulo de Efesios, Pablo escribió: «Pero Dios es tan rico en misericordia y nos amó tanto que, a pesar de que estábamos muertos por causa de nuestros pecados, nos dio vida cuando levantó a Cristo de los muertos. (¡Es solo por la gracia de Dios que ustedes han sido salvados!)» (2:4-5, NTV).

Hay varios pasajes bíblicos como este que describen cómo hemos estropeado las cosas y nos hemos quedado atascados. Al leerlos, puedes empezar a sentirte deprimido. No obstante, entonces aparece esta sorprendente palabra: «pero».

Probablemente nunca has agradecido el «pero» de Dios. Sin embargo, deberías hacerlo. Porque cuando Dios pone su «pero» en tu situación, lo cambia todo.

Lo que era ya no es lo que es porque «pero Dios».

Lo que está detrás de ti no es lo que está adelante de ti porque «pero Dios».

Tu pasado no tiene que ser tu futuro porque «pero Dios».

Estábamos muertos, «pero Dios» nos dio vida, vida nueva, en Jesús.

¿Por qué?

Porque Dios es «rico en misericordia» y «nos amó tanto».

Pablo describió también la gracia de Dios. Gracia significa obtener lo contrario de lo que merecemos. Dios nos ama a pesar de nosotros, no a causa de nosotros. Nos ama no por lo que hacemos, sino por quién es Él. Cuando estamos en nuestro peor momento, el amor de Dios está en su mejor momento.

Pablo escribió que por la gracia de Dios fuiste «salvado». *Salvado* es un verbo. Un verbo se puede escribir en tiempo pasado, presente, futuro o perfecto.

El tiempo pasado habla de algo que ya sucedió.

El tiempo presente describe algo que está sucediendo ahora mismo.

El tiempo futuro se refiere a algo que sucederá finalmente, pero que aún no ha sucedido.

El tiempo perfecto habla de algo que ha sucedido en el pasado, sigue sucediendo en el presente y continuará en el futuro. Esto llama la atención sobre los efectos continuos de algo que ha sucedido en el pasado.

> Dios nos ama a pesar de nosotros, no a causa de nosotros. Nos ama no por lo que hacemos, sino por quién es Él.

¡Pablo escribió «salvado» en tiempo perfecto! Fuiste salvado por la gracia de Dios en el pasado, pero el efecto sigue teniendo lugar. Su gracia siempre va a impactar tu vida. Dios continuará dándote nueva vida en tus lugares muertos hasta que su obra esté completa en ti.

Nunca tienes que sentirte derrotado.

Nunca puedes rendirte.

Porque Dios no solo te salvó. Él te salva. Él está salvándote constantemente.

Tú no puedes, pero Dios sí. Y Él lo hará si recurres a su poder.

Ejercicio 25

Completa estas frases con el fin de escribir una oración, siendo tan específico como puedas en lo que le pidas a Dios que haga en tu vida. Utiliza este modelo tantas veces como necesites.

Dios, yo no puedo:

Pero tú sí puedes al:

Principio 25

Tú no puedes, pero Dios sí.

Y Él lo hará si recurres a su poder.

Pero Dios es tan rico en misericordia y nos amó tanto que, a pesar de que estábamos muertos por causa de nuestros pecados, nos dio vida cuando levantó a Cristo de los muertos. (¡Es solo por la gracia de Dios que ustedes han sido salvados!).

—Efesios 2:4-5, NTV

5.3 ¡Todo está en ti!

(Pero en realidad no es así)

Yo estaba haciendo ejercicio con Paco. (¿Lo recuerdas? No a mí, Paco, sino a él, Paco). Su verdadero nombre es John. (Ya te dije en la primera parte que pongo apodos tan libremente como el restaurante chino del centro comercial reparte muestras). Un día, estábamos haciendo una rutina extenuante de pecho. *¿Qué?* Después de levantar varias series de pesos muy pesados, cambias a press de banca con poco peso y muchas repeticiones hasta que quedas absolutamente agotado. Entonces quitas las pesas de la barra y solo haces press de banca con la barra. Si eso parece fácil, créeme, no lo es después de haber agotado los músculos del pecho.

Al final del entrenamiento, el objetivo era levantar la barra cincuenta veces. Hice cinco y luego diez. Me di cuenta de que la gente me miraba y se reía. Por lo visto, ver a un tipo que parece creerse fuerte levantando solo la barra —algo que podría hacer un estudiante de secundaria— les causaba gracia. Pero a mí no.

Llegué a las veinte y pensé que llorar era una opción decente. Quería renunciar. Sin embargo, Paco no me dejó. Me gritaba dándome ánimo luego de colocarse encima de mí con sus piernas abiertas a ambos lados del banco. (Estoy seguro de que esa imagen solo sirvió para divertir a los espectadores. Un entrenador animando a un tipo que está levantando la barra sin peso).

Llegué a las treinta y me topé con un muro. No creí que pudiera hacer una más. No obstante, Paco gritaba: «¡Vamos, Paco!».

(Recuerda que nos decimos Paco). «¡Tienes más que dar, Paco! ¡Sigue adelante! ¡Todo está en ti! ¡Puedes hacer más!». Seguí empujando. Llegué a las cuarenta y, ya superada la etapa del llanto, pensé que morir era mejor opción que continuar.

Paco puso sus manos debajo de la barra para ayudarme a levantarla mientras yo empujaba. Gritó: «¡Lo tienes! ¡Tienes más para dar! ¡Puedes hacerlo! ¡Todo está en ti!». Las personas que me observaban se reían, sin impresionarse, mientras me esforzaba por levantar una barra de cuarenta libras.

Llegué a las cuarenta y cinco repeticiones y me di cuenta de que había terminado. Sabía que Paco tenía la barra, así que retiré las manos. Para mi asombro, la barra seguía subiendo y bajando. Paco (el otro Paco) estaba levantando y bajando la barra, sin ver que yo ya no estaba participando. Mientras él hacía mis press de banca solo, gritaba: «¡Todo está en ti! ¡Todo está en ti!» (Paco estaba muy involucrado en el asunto).

Cuando se dio cuenta de que no era yo en absoluto, sino que se trataba por completo de él, los dos nos pusimos a reír.

Lo que he aprendido —no en el gimnasio, sino en la vida real— es que al final de mi poder, descubro el poder de Dios. Su poder siempre está ahí. Cuando soy débil, Él es fuerte.

La fuerza de voluntad no funciona, pero el poder de Dios sí, y su poder:

- Está disponible
- Es accesible
- Está activo
- Es abundante

Veamos otro pasaje que escribió Pablo sobre esta dinámica: «Digo, pues: anden por el Espíritu, y no cumplirán el deseo de la carne. Porque el deseo de la carne es contra el Espíritu, y el del Espíritu es contra la carne, pues estos se oponen el uno al otro, de manera que ustedes no pueden hacer lo que deseen» (Gálatas 5:16-17).

El «Espíritu» es el Espíritu Santo; Dios en nosotros. Cuando te entregas a Dios, Él se entrega a ti. Se mueve dentro de ti, como el relleno de crema de un Twinkie. Vive en tu interior para darte poder a fin de vivir la vida que tiene para ti.

> **Al final de mi poder, descubro el poder de Dios.**

Pablo también escribió sobre la «carne». La palabra griega traducida como «carne» es *sarx*, utilizada ciento cuarenta y nueve veces en el Nuevo Testamento.[1] No se refiere a tu piel. *Sarx* se refiere a tu naturaleza humana, a tu ser natural con sus debilidades y deseos pecaminosos. Por eso «el deseo de la carne es contra el Espíritu». Una parte de ti quiere llevarte por un camino que realmente no quieres recorrer; por un camino que Dios no quiere que recorras. Esa parte de ti explica por qué sigues haciendo lo que no quieres hacer, como en:

- «No quiero seguir apostando».
- «No quiero seguir hablando de la gente a sus espaldas».
- «No quiero seguir mirando esa página web».
- «No quiero seguir sintiendo celos».
- «No quiero seguir gastando más dinero del que tengo en cosas que ni siquiera necesito».
- «No quiero seguir desperdiciando mi vida mirando fotos de la vida de otras personas».

No quiero, pero lo hago.

¿Por qué? ¿Qué es eso? Esa es tu carne. Haces lo que no quieres hacer. ¿Y luego? Juras que no lo volverás a hacer. Y lo intentas, pero no dura. Tu fuerza de voluntad se debilita.

Pablo escribió en otra carta que «no pon[emos] la confianza en la carne» (Filipenses 3:3). En otras palabras, no confiamos en nuestra propia fuerza de voluntad.

Entonces, ¿en qué ponemos nuestra confianza? En el poder de Dios. Pablo nos exhorta: «Digo, pues: anden por el Espíritu, y no cumplirán el deseo de la carne» (Gálatas 5:16). Andar por el Espíritu, y no en la carne, es una decisión de vivir, superar nuestros hábitos autodestructivos y perseguir nuestros objetivos no con nuestro poder, sino con el poder de Dios. Porque nosotros no podemos, pero Él sí puede.

La palabra griega traducida como «anden» es *peripateo*, un verbo en tiempo presente. Eso significa que sigues haciéndolo; andar por el Espíritu es algo que nunca puedes dejar de hacer, como respirar o prepararte para el apocalipsis zombi.

La elección de andar por el Espíritu no es una decisión o un acontecimiento de una sola vez, sino una forma de vida continua y habitual. Desde este momento, y en todos los momentos a partir de ahora, confío y me apoyo en el poder de Dios, no en mi fuerza de voluntad.

> **Andar por el Espíritu es una forma de vida continua y habitual.**

Eso suena muy bien. Sin embargo, ¿cómo lo haces realmente? ¿Cómo se anda por el Espíritu?

Veamos cuatro palabras que han cambiado mi vida y cambiarán la tuya:

1. Renovar
2. Permanecer
3. Reconocer
4. Pedir

Ejercicio 26

Para ilustrar el poder de Gálatas 5:16-17 en tu vida, completa estas frases. Utiliza el modelo tantas veces como sea necesario.

En mi carne, lucho constantemente con:

Pero en mi espíritu, quiero:

Principio 26

**La fuerza de voluntad no funciona, pero
el poder de Dios sí, y su poder:**

- **Está disponible**
- **Es accesible**
- **Está activo**
- **Es abundante**

Digo, pues: anden por el Espíritu, y no cumplirán el deseo de la carne. Porque el deseo de la carne es contra el Espíritu, y el del Espíritu es contra la carne, pues estos se oponen el uno al otro, de manera que ustedes no pueden hacer lo que deseen.

—Gálatas 5:16-17

5.4 Renueva, Permanece, Reconoce, Pide

Te dije que soy un apodador de primera clase, ¿verdad? También en una ocasión me aprendí todo el baile de Napoleon Dynamite. Como puedes ver, tengo algunas habilidades, pero ser alguien que hace cualquier trabajo en casa no es una de ellas. No soy el señor Arréglalo Todo.

Cuando Amy y yo nos casamos, vivíamos en una casa construida en 1910. (Alrededor del cambio de siglo, pero no de este). Nos mudamos a la casa y pusimos nuestro sofá de segunda mano, las lámparas y el pequeño televisor en el estudio. (Para los más jóvenes, un estudio es una habitación que aspira a ser una sala de estar).

Esa noche, intentamos encender una lámpara, pero no se encendió. Pensamos que la lámpara se había roto en la mudanza o que la bombilla se había fundido. Luego intentamos encender el televisor. Tampoco se encendió. *¿Eh?* Intentamos encender la otra lámpara. Lo mismo. Nos dimos cuenta de que ningún enchufe del estudio tenía corriente.

Le dije a Amy que lo arreglaría, que probablemente se trataba de uno de esos fusibles. Así que fingí que estaba «trabajando» en la caja de fusibles. Como no quería sufrir una descarga eléctrica o que la casa volara en mil pedazos, me rendí rápidamente. Compramos unas extensiones, las conectamos a los enchufes de la cocina, las pasamos por el comedor, y conectamos el televisor y las lámparas a ellas.

Las extensiones eran una monstruosidad con la que intentamos no tropezar durante *tres años*. Cuando nos preparábamos para mudarnos de esa casa, nos dimos cuenta de que había un interruptor de luz al otro lado de la pared del estudio. *¿Qué es este interruptor?* Lo encendí. No pasó nada. *¿Por qué?* Lo apagué. *Espera un segundo. No, ¿no lo crees?* Lo volví a encender y entré al estudio. Desenchufé la lámpara del cable de extensión y la conecté a la pared. Y entonces Dios dijo: «Que se haga la luz». Por fin la gente que vivía en la oscuridad vio una gran luz, que se convirtió en una lámpara a mis pies, una luz para mi camino.

Me sentí como si debiera ser la estrella de una nueva película: *Tonto, más tonto y el más tonto*. La electricidad que necesitábamos para nuestro estudio estuvo disponible todo el tiempo. Durante tres largos años dependimos de los cables de extensión y vivimos con el peligro de tropezarnos. Simplemente no sabíamos cómo acceder a la electricidad.

Esa es también una buena descripción de mis primeros años de seguir a Jesús. Necesitaba el poder de Dios. Estaba disponible para mí. Sin embargo, no sabía cómo acceder a Él. Cómo vivir en Él. Cómo caminar por el Espíritu.

No importa quién quieras ser o dejar de ser, lo que quieras hacer o dejar de hacer, necesitas más que fuerza de voluntad. Necesitas el poder de Dios.

Dios puede darte el poder para:

- Amar a alguien que es difícil de amar
- Servir cuando prefieres que te sirvan
- Dar cuando te da miedo dar
- Estudiar cuando prefieres jugar
- Pasar tiempo con tu hijo cuando preferirías relajarte

Necesitarás ir más allá de la fuerza de voluntad y aprovechar el poder de Dios.

En ese momento decisivo en el que te sientes tentado a comprarte otro par de zapatos por Internet, preocuparte de nuevo, mirar de nuevo, cotillear de nuevo, beber de nuevo o llamar de nuevo a tu ex, ¿cómo confías en el poder de Dios —y no en la fuerza de la voluntad— para vencer la tentación de hacer el mal?

¿Cómo caminas por el Espíritu en esos momentos?

Aquí están las cuatro palabras que te presenté al final del último capítulo: Renueva. Permanece. Reconoce. Pide.

Dos son para *antes* del momento: renueva y permanece. Dos son para el *preciso* momento: reconoce y pide.

Renueva

No estoy orgulloso de ello. De hecho, me avergüenzo de ello. En la universidad, mis hermanos de fraternidad y yo hacíamos que la vida girara en torno a «conseguir chicas». Así lo llamábamos entonces. Para nosotros, «acostarse con alguien» era el éxito. Pensábamos erróneamente que esa era la forma de demostrar tu hombría. Había estado viviendo de esa manera por un tiempo y estaba completamente atrapado en ella.

Sin embargo, luego empecé a buscar a Dios. Me sentí atraído por Jesús. Intentaba averiguar si la Biblia era verdadera. Con el tiempo, me convencí. Quería entregarle toda mi vida a Jesús. Salvo que no quería renunciar al sexo.

Tal vez lo entiendas. Es posible que te sientas atraído por Jesús. Quieres entregarle tu vida, pero hay algo a lo que no quieres renunciar. Algo a lo que no crees que puedas renunciar.

Finalmente, le entregué mi vida a Jesús. Renuncié. A todo. Les dije a mis hermanos de la fraternidad que iba a seguir a Jesús por el resto de mi vida y que no volvería a tener sexo hasta que me casara. Deberías haber visto las sonrisas en sus caras. Se preguntaban unos a otros: «¿Cuánto tiempo va a pasar antes de que Groeschel se rinda?». Se preguntaban si me mantendría firme unas semanas o solo un par de días. Hicieron apuestas de cien dólares, que era mucho dinero para un estudiante universitario, sobre cuánto tiempo mantendría mi compromiso.

Yo sabía que estaba en problemas. Sabía que no había manera de superar a mi carne y evitar la tentación por medio de la fuerza de voluntad. Sabía que mi única oportunidad estaba en el poder de Dios. Tenía que caminar en el Espíritu. Me sentía desesperado, así que oré y oré.

Fue entonces cuando fui guiado a hacer algo que parecía dramático, pero que, mirando hacia atrás, era totalmente necesario. El Espíritu Santo me guio a dejar de salir con alguien durante un largo período. ¿Te preguntas por qué fue eso tan crucial? Porque mi forma de pensar sobre las mujeres y las relaciones era un desastre. Con ese pensamiento erróneo, no había manera de que pudiera mantener una relación que honrara a Dios y a la mujer con la que salía. Necesitaba que Dios transformara mi forma de pensar.

Él lo hizo.

Todos los que apostaron contra mí perdieron. Tenían razón sobre mí, pero estaban equivocados sobre lo que Dios podía hacer en mi vida.

Salí de esa época sabiendo que las mujeres no eran objetos para ser usados, sino personas para ser atesoradas y respetadas. Dios convirtió mis deseos de sexo (carne) en deseos de pureza (Espíritu). Estaba caminando por el Espíritu. Su Espíritu.

Hoy en día, estoy absolutamente convencido de que la relación que tengo con mi mejor amiga, Amy, en la intimidad que compartimos y el bendito matrimonio que disfrutamos nunca hubiera ocurrido si no me hubiera rendido y entregado a Dios esos dos años para renovar mi mente. Y, por cierto, los principios personales que compartí contigo en la tercera parte de este libro son la forma en que me he entrenado para mantenerme y crecer en lo que comencé en la universidad.

Para caminar en el Espíritu, en el poder de Dios, necesitamos renovar nuestra mente: «Por tanto, hermanos, les ruego por las misericordias de Dios que presenten sus cuerpos como sacrificio vivo y santo, aceptable a Dios, que es el culto racional de ustedes. Y no se adapten a este mundo, sino transfórmense mediante la renovación de su mente, para que verifiquen cuál es la voluntad de Dios: lo que es bueno y aceptable y perfecto» (Romanos 12:1-2).

Estamos llamados a vivir de forma santa y agradable a Dios. Él nos invita a cambiar, a ser diferentes del resto del mundo. La clave para vivir la buena, agradable y perfecta voluntad de Dios es ser transformados por la renovación de nuestra mente.

Si permitimos que Dios cambie nuestra forma de pensar, cambiará nuestra forma de actuar, de responder a las oportunidades y tentaciones, y de tratar a las personas. Lo cambiará todo.

Esto nos lleva el círculo completo de vuelta al «quién antes que el hacer». Haces lo que haces debido a lo que piensas de ti. Dijimos que lo que piensas de ti impulsa tu comportamiento. He aquí otra bomba de verdad: la manera en que piensas sobre todo impacta todo.

Así que necesitamos renovar nuestras mentes. Necesitamos que la verdad se infiltre en nuestro pensamiento. Renovamos nuestra mente con la Palabra de Dios para que podamos empezar a tener los pensamientos de Dios. Esta es la única manera en que podemos ser transformados por la renovación de nuestras mentes.

> **Si permitimos que Dios cambie nuestra forma de pensar, cambiará nuestra forma de actuar.**

Renuevas tu mente leyendo la Biblia, no un versículo o dos cada semana, sino de manera constante y voraz. Al igual que tu éxito en cualquier cosa depende de tu compromiso (Un gran recurso es descargar la aplicación de la Biblia YouVersion y empezar a hacer planes bíblicos diarios en torno a temas que te interesan o libros de la Biblia).

Renueva tu mente interiorizando los versículos bíblicos. Como escribió el salmista: «En mi corazón he atesorado Tu palabra, para no pecar contra Ti» (Salmos 119:11). Escoge algunos versículos que te hablen de:

- Quién quieres llegar a ser
- Un pecado que quieres dejar atrás
- El hábito que quieres establecer
- La meta que quieres cumplir

Escribe los versículos en tarjetas y llévalos contigo, sacándolos y leyéndolos cada vez que tengas algo de tiempo o cuando te sientas tentado o luchando y necesites recordar la verdad. Puedes descargar una aplicación para memorizar la Biblia, algunas de las cuales pueden hacer que interiorizar la Palabra de Dios resulte más fácil y parezca casi un juego divertido.

También puedes renovar tu mente escuchando una buena enseñanza bíblica. Formar parte de una iglesia donde se enseña la Biblia con fidelidad es esencial. Y hay grandes enseñanzas bíblicas a las que puedes acceder en línea.

Si renuevas tu mente —antes del momento— estarás listo con el poder de Dios en el momento.

Permanece

Para caminar en el Espíritu, necesitamos permanecer. Jesús dijo: «Permanezcan en mí, y yo permaneceré en ustedes. Pues una rama no puede producir fruto si la cortan de la vid, y ustedes tampoco pueden ser fructíferos a menos que permanezcan en mí. Ciertamente, yo soy la vid; ustedes son las ramas. Los que permanecen en mí y yo en ellos producirán mucho fruto porque, separados de mí, no pueden hacer nada» (Juan 15:4-5, NTV).

Él nos dice: «Permanezcan en mí». Cuando lo hagas, el poder de Dios se desatará en tu vida. Serás fructífero. Podrás vivir la vida para la que Dios te creó.

Y fíjate que Jesús también dice: «Separados de mí, no pueden hacer nada». Con tu fuerza de voluntad, no serás fructífero y te perderás la vida que Dios quiere para ti.

¿Qué quiso decir con «permanecer»?

Quiero que juegues a ser un detective bíblico por un minuto. Todos estos versículos contienen la misma palabra que hemos traducido en Juan 15:4 como «permanecer»: *méno*. Léelos y mira a ver si puedes encontrar la única palabra que tienen en común:

- «María se quedó con Elisabet como tres meses y después regresó a su casa» (Lucas 1:56).
- «Pablo permaneció dos años enteros en una casa alquilada, y allí recibía a todos los que iban a verlo» (Hechos 28:30, RVC).
- «Cuando Jesús bajó a tierra, le salió al encuentro un hombre de la ciudad poseído por demonios, y que por mucho tiempo no se había puesto ropa alguna, ni vivía en una casa sino en los sepulcros» (Lucas 8:27).
- «Permanezcan entonces en esa casa, comiendo y bebiendo lo que les den; porque el obrero es digno de su salario. No se pasen de casa en casa» (Lucas 10:7).

Lo descubriste, ¿verdad? En cada uno de esos versículos la palabra *méno* está asociada con la palabra «casa».

Hay otros versículos en los que la palabra *menó* se traduce como «quedarse». Por ejemplo:

- «Ellos le dijeron: "Rabí, (que significa: Maestro) ¿dónde te estás quedando?"» (Juan 1:38, PDT).

- «Pedro se quedó en Jope muchos días con un tal Simón, que era curtidor» (Hechos 9:43).
- «Erasto se quedó en Corinto, pero a Trófimo lo dejé enfermo en Mileto» (2 Timoteo 4:20).

Entonces, ¿a qué nos invita Jesús? A hacer de Él nuestro hogar y permanecer en Él. Jesús dice: «Permanezcan en mí», luego añade: «Y yo permaneceré en ustedes» (Juan 15:4). Jesús te hace una oferta. «Vive dentro de mí, y déjame vivir dentro de ti».

Está hablando de una cercanía, una intimidad, que se hace realidad:

- A través de la *oración*, en la que regularmente derramas tu corazón a Dios, y es real y crudo y auténtico y vulnerable
- Al *estar en silencio y disfrutar de su presencia*, cuando te callas ante Dios y simplemente lo conoces en una relación
- Al *decirle que sí a Él*, cuando haces lo que te pide y vives en obediencia. «Jesús le respondió: "Si alguien me ama, guardará Mi palabra; y Mi Padre lo amará, y vendremos a él, y haremos con él morada"» (Juan 14:23).

Si permaneces en Jesús —antes del momento— estarás preparado con el poder de Dios en el momento.

¿Cómo caminas por el Espíritu para que en ese momento de oportunidad o tentación estés conectado al poder de Dios?

Renovar y permanecer deben ocurrir antes del momento.

Reconocer y pedir deben ocurrir en el momento.

Reconoce

El momento llegará. Tendrás la oportunidad de hacer algo que quieres hacer, tal vez de practicar el hábito que has decidido comenzar, pero no será fácil. O tendrás la tentación de hacer algo que no quieres hacer, quizá el hábito que has decidido abandonar, y sería muy fácil.

En ese momento, oirás una voz.

No una voz audible, pero la oirás. Es posible que la tuya no suene como la de Paco cuando estoy levantando pesas, pero la mía sí. La voz te animará. «Lo tienes. ¡Puedes hacerlo! ¡Todo está en ti!».

Sin embargo, tienes que ignorar esa voz.

Esa voz viene de tu carne. Es la parte natural y humana de ti que piensa que tiene la fuerza de Dwayne «The Rock» Johnson más la de John Cena multiplicadas por trescientos... más esteroides.

Tu carne es demasiado confiada, peligrosamente orgullosa, y no se puede confiar en ella.

Ignora esa voz y reconoce que no tienes el poder que necesitas. Di con Pablo: «Quiero hacer lo que es correcto, pero no puedo» (Romanos 7:18, NTV) y con Jesús: «Separado de Jesús nada puedo hacer» (personalizando a Juan 15:5).

Los Doce Pasos, que han tenido tanto éxito en hacer que las personas se liberen, comienzan con el Paso Uno: «Admitimos que éramos impotentes ante el pecado, que nuestras vidas se habían vuelto ingobernables». Luego viene el Paso Dos: «Llegamos a creer que un Poder superior a nosotros mismos podía devolvernos la cordura».[1] Si vas a una reunión de los Doce Pasos esperando encontrar finalmente la libertad, te enseñarán que tienes que reconocer que no puedes lograrlo, pero que Dios sí puede.

Lo entiendo. En mi batalla con el alcohol durante mis años universitarios, seguía decidiendo dejar de beber y creyendo en esa voz que me decía: «Lo tienes. ¡Puedes hacerlo! ¡Todo está en ti!». Me decía a mí mismo: *¡Sí, esa voz sabe lo increíble que soy! Lo tengo. Puedo hacer cualquier cosa que me proponga. ¡Si puedo concebirlo, puedo lograrlo!* Entonces me daba cuenta de que tenía una cerveza en la mano. Era doloroso y vergonzoso reconocer que no tenía lo necesario para dejar de beber. No podía hacer lo que tenía que hacer.

Sin embargo, luego pude. Dejé de beber.

Pude hacerlo cuando reconocí que no podía. Tuve lo necesario cuando ya no pude negar que no tenía lo necesario.

Lo mismo ocurrió cuando decidí que la manera de transformar mi mente con respecto al sexo opuesto era distanciándome de las mujeres y entregándole a Dios los siguientes dos años. Permanecí en Jesús —antes del momento— para poder estar listo con el poder de Dios en el momento.

> Reconocer: «No puedo» es el camino para poseer un poder que no posees.

Reconocer: «No puedo» es el camino para poseer un poder que no posees. Lo que necesitas es al Dios de la resurrección obrando en tu favor, caminando contigo, con su poder corriendo por tus venas, liberándote de lo que te ha retenido durante tanto tiempo.

Pide

Lo has intentado una y otra vez. Has hecho todo lo posible, pero siempre acabas volviendo al mismo sitio. Como la mujer de la noticia, sigues atascado en ese inodoro. Es posible que tengas ganas de rendirte, porque es evidente que no tienes lo que hay que tener.

Si es así, estás en un momento crítico.

Esta es tu oportunidad. Porque en lugar de rendirte, puedes mirar hacia arriba. Mirar hacia arriba y encontrar a un Dios que te ama, que tiene lo que necesitas y que solo está esperando a que se lo pidas.

Cuando mi hijo Stephen tenía dieciséis años, se acercó a mí muy nervioso. Empezó a hablar, pero me costaba un poco hilvanar todas sus palabras. Definitivamente capté la palabra *proteína*, y mencionó al menos dos veces que sabía que yo estaba muy ocupado. Por último, le indiqué que solo dijera lo que quería.

Se tranquilizó y preguntó: «Papá, quiero hacer ejercicio. ¿Me pregunto si puedo hacer ejercicio contigo para que me enseñes algunas técnicas de levantamiento de pesas?». ¡Sí! Me llené de alegría. Yo había estado esperando, con la ilusión de que me hiciera exactamente esa pregunta. Me gustaba mucho hacer ejercicio, amé a mi hijo aún más, y me encantó la idea de compartir mis conocimientos y mi tiempo con él. No podía creer que se pusiera nervioso al pedirme algo que yo deseaba tanto darle.

Dios es un buen Padre que te ama, tiene lo que necesitas y solo está esperando a que se lo pidas.

Así que pide. Como lo hizo Stephen conmigo.

En Santiago 4 leemos sobre los «deseos que combaten en [nuestro] interior» (v. 1, NTV). Santiago escribe: «Desean lo que no tienen [...] pero no pueden obtenerlo» (v. 2, NTV). ¿Cuál es el verdadero problema? Santiago continúa: «No tienen, porque no piden» (v. 2). Así que pide. El capítulo uno de Santiago dice: «Y si a alguno de ustedes le falta sabiduría, que se la pida a Dios, quien da a todos abundantemente y sin reproche, y le será dada» (v. 5).

Increíble, ¿verdad? Puede que te sientas nervioso o avergonzado de pedirle a Dios su poder, o de pedirle algo, debido a tu debilidad y tu pecado. Sin embargo, recuerda que Él es un Dios de gracia. Te ama incondicionalmente. Dios es generoso. Le encanta dar. Y lo hace sin encontrar faltas.

Él quiere darte su poder, y cuando estás «en el momento», su poder es lo que necesitas.

Así que reconoce: «Dios, sé que no puedo. No tengo el poder. No puedo hacer esto», y luego pide: «Dios, sé que tú puedes. Tú tienes el poder. Por favor, dame el poder que necesito en este momento». Entonces avanza con confianza, sabiendo que Dios da generosamente y te proporcionará todo el poder que necesitas y más.

Pedirle a Dios que te fortalezca en ese momento es crucial. No obstante, para caminar en el Espíritu, necesitamos pedir todo el tiempo. Esto debe ser el trasfondo de nuestro día, todo el día, todos los días. Si alguien te siguiera y no dejara de hacerte preguntas sobre lo que pasa dentro de tu mente y tu corazón, parecerías un disco rayado.

¿Qué estás haciendo? «Me despierto y le pido al Espíritu que me guíe durante el día».

¿Qué estás haciendo ahora? «Le pido al Espíritu que me mantenga espiritualmente fuerte hoy».

¿Y qué estás haciendo ahora? «Le pido al Espíritu que me dé las palabras adecuadas para decirle a esta persona».

«Le pido al Espíritu que me ayude a mantener la boca cerrada en este momento».

«Le pido al Espíritu que me dé el poder de decir que sí a lo que sé que es correcto».

«Le pido al Espíritu que me dé el poder de decir que no a lo que sé que está mal».

«Le pido al Espíritu que me ayude a mostrarle amor a esta persona».

Tienes a un Dios Padre que te ama y al que le encanta darles buenos regalos a sus hijos. Solo tienes que pedir. Pídele a Dios que te dé su poder. Que te ayude a hacer lo que tienes que hacer. Confía en que Él te ama, disfruta al ayudarte, y le encantaría poner su poder a tu disposición.

Si haces eso, si te renuevas y permaneces antes del momento, si reconoces y pides en el momento, descubrirás que has oprimido el interruptor y ahora tienes un poder que antes no tenías.

Estás caminando por el Espíritu.

Estás dando pasos, no con tu poder, sino con el poder de Dios.

Ejercicio 27

Utiliza las cuatro palabras clave de este capítulo como guía para la oración y completa estas frases.

Padre, te ruego que renueves **mi mente hoy ayudándome a:**

Padre, ayúdame a permanecer **en ti hoy mientras/cuando:**

Padre, hoy reconozco **mi debilidad y tu poder. Sé que soy débil, pero tú eres fuerte, en:**

Padre, hoy reconozco tu gran amor por mí y cómo deseas darme buenos regalos, por lo que te pido:

Principio 27

Si te renuevas y permaneces antes del momento, y si reconoces y pides en el momento, tendrás el poder de Dios para caminar por el Espíritu.

Permanezcan en mí, y yo permaneceré en ustedes. Pues una rama no puede producir fruto si la cortan de la vid, y ustedes tampoco pueden ser fructíferos a menos que permanezcan en mí.

Ciertamente, yo soy la vid; ustedes son las ramas. Los que permanecen en mí y yo en ellos producirán mucho fruto porque, separados de mí, no pueden hacer nada».

—Juan 15:4-5, NTV

5.5 Pasos

Caminamos por el Espíritu. O, como dicen otras traducciones, «nos mantenemos al paso del Espíritu». Me encanta la idea de un paso, de dar un paso.

Recuerdo cuando mis hijos eran bebés. Después de meses de gatear, empezaban a levantarse solos agarrándose del sofá. Al principio, se mantenían en equilibrio sobre sus pequeños pies con mucha cautela. Con el tiempo, se acostumbraron a ponerse de pie. Como padre, pensé que era entonces cuando empezaba la diversión. Observé, sonriendo, cómo ponían los dos brazos hacia adelante y sacaban tímidamente un pie como bebés Frankenstein. Como su padre, los animé cuando dieron esos primeros pasos.

Cuando empiezas a caminar por el Espíritu, puedes sentirte incómodo, como un bebé dando sus primeros pasos. Estás avanzando hacia nuevos hábitos, aprendiendo a confiar en el poder de Dios en lugar de en la fuerza de voluntad. Esto puede ser nuevo para ti. Puede ser intimidante. Eso está bien. Todos tenemos que empezar en alguna parte.

En realidad, es emocionante. Estás aventurándote en un nuevo viaje. Vas a necesitar a Dios y a experimentarlo de una manera en que nunca antes lo habías hecho. Tu nueva dirección será aterradora, pero estimulante.

Tengo que creer que al dar esos primeros pasos es cuando comienza la diversión para Dios. ¡Te ha creado para que camines con Él, y lo estás haciendo!

Mientras lo haces, imagina a Dios animándote. Él está entusiasmado por ti. Está agradecido por la oportunidad de tener una relación más profunda contigo de la que puedes haber permitido en el pasado. Él te apoya.

Así que hazlo. Da un paso. No pospongas un día más vivir la vida que Dios tiene en mente para ti. No te quedes sentado y digas: «Tal vez mañana». Hoy es el día. Da un paso con el Espíritu Santo. Luego da otro paso. Y luego otro.

Puede parecer imposible ahora mismo, pero recuerda que esto es lo que eres. Tu verdadera identidad es la de ser hijo de Dios. Dios te hizo para amarte. Fuiste creado para vivir tomado de su mano. Fuiste diseñado para seguirlo en una aventura alimentada por la fe y que a veces puede ser arriesgada. Dar estos pasos puede parecer poco natural ahora, pero no hay nada más natural para quien realmente eres.

Así que da un paso. Luego da otro paso. Luego otro. Esos pasos dejarán de ser inusuales y serán habituales. Estarás caminando por el Espíritu de Dios. Y recuerda, cuando camines por el Espíritu de Dios, «no cumplirá[s] el deseo de la carne» (Gálatas 5:16).

Al caminar, ¿te tropezarás y tal vez hasta te caerás? Por supuesto que sí. ¡Lo cual no es la respuesta que quieres! Todos queremos ser perfectos, pero solo Jesús vivió una vida perfecta. Cuando des pasos, tropezarás. Entonces, ¿qué debes hacer cuando te caigas? Levántate y sigue caminando. Eres nuevo en esto. Caer no es un fracaso. Estás aprendiendo y creciendo.

Es como si mi hija aprendiera a caminar. Imagínate que se levanta sobre dos piernas y da su primer paso tambaleante. Todos los presentes aplauden a rabiar. «¡Ella está caminando!». Si da otro paso y se cae, nadie va a decir: «Ah, esta bebé no puede caminar. Falló. Es una perdedora». No. Cuando eso sucede, ayudas al bebé a levantarse. Le das un abrazo. La ayudas a ponerse de pie. Entonces da otro paso.

Pablo nos instó a seguir caminando en el Espíritu, no con nuestro propio poder, sino con el poder de Dios. Si te caes, vuelve a levantarte. Sigue caminando por el Espíritu.

Eso es ganar, y no existe la posibilidad de perder. Estás en esto a largo plazo. ¿No es así? Recuerda, se trata del progreso, no de la perfección. Así que cuando ganas, estás ganando. Cuando pierdes, estás aprendiendo.

Sigue avanzando.

A medida que sigas caminando, descubrirás que estás saliendo de tu pasado y entrando a tu futuro.

> **Cuando ganas, estás ganando. Cuando pierdes, estás aprendiendo.**

Déjame advertirte: esto no ocurrirá de la noche a la mañana.

- Estás caminando hacia tu futuro, hacia lo que quieres ser.
- Estás caminando lejos del pecado o el comportamiento autodestructivo que quieres dejar atrás.
- Estás caminando hacia los nuevos hábitos y la nueva vida que has deseado durante mucho tiempo.

Estás caminando, no corriendo. Pablo no dijo que corriéramos con el Espíritu. Caminamos por el Espíritu.

Ese es uno de los obstáculos que enfrentaremos mientras hacemos esto. Tal como hemos aprendido, se necesita tiempo para llegar a lo que más quieres. Lo que quieres ahora casi siempre tiene una recompensa inmediata.

Esa galleta sabe bien ahora.

El pecado sexual se siente bien ahora.

Enviar ese mensaje de texto mezquino cuando estás enojado se siente muy bien ahora.

Comprar el auto nuevo, aunque no puedas pagarlo, se siente muy bien ahora.

Los deseos de la carne tienen una recompensa inmediata. Sin embargo, lo que más quieres casi siempre toma tiempo.

¿Qué es lo que más quieres?

¿Un matrimonio piadoso?

¿Estar más cerca de Dios?

¿Un rico legado espiritual?

¿Libertad financiera?

¿Un ministerio significativo?

¡Puedes tenerlo! Pero no ahora. Camina hacia allí, con el Espíritu, mientras dependes de Dios, momento a momento. Tomará tiempo, pero valdrá la pena. Es posible que te pierdas alguna satisfacción fugaz a corto plazo, pero te darás cuenta de que elegiste la mayor recompensa. Has elegido lo que más quieres en lugar de lo que quieres ahora.

Puedes conseguirlo. Puedes disfrutar de la vida que sueñas pero aún no has experimentado.

Puedes desatascarte.

Tú. Tú que nunca pudiste hacerlo antes.

Tú. ¡Tú lo harás!

Pero no serás tú.

Será Dios. A través de ti.

¡Puedes cambiar!

Tu vida puede ser transformada.

Tú no puedes. Pero él puede.

Ejercicio 28

Teniendo en cuenta todo lo que has aprendido a lo largo del libro y todo lo que Dios te ha mostrado a medida que has trabajado en cada ejercicio, calculemos tus próximos pasos.

Sé que el primer paso que debo dar para comenzar un nuevo hábi-to es:

Sé que el primer paso que debo dar para abandonar un viejo hábito es:

El cambio que creo que Dios me llama a hacer —en su poder, no en el mío— es:

Principio 28

Cuando ganas, estás ganando. Cuando pierdes, estás aprendiendo.

Por lo tanto, de la manera que recibieron a Cristo Jesús como Señor, ahora deben seguir sus pasos. Arráiguense profundamente en él y edifiquen toda la vida sobre él. Entonces la fe de ustedes se fortalecerá en la verdad que se les enseñó, y rebosarán de gratitud.

—Colosenses 2:6-7, NTV

Agradecimientos

Me gustaría expresar mi más profunda gratitud a todos mis amigos que ayudaron a hacer posible este libro.

Amy Groeschel, ¡gracias por tu constante estímulo! Eres mi persona favorita. Te amo con todo mi corazón.

Vince Antonucci, ¡haces que escribir sea una maravilla! Eres realmente una de las personas más brillantes y dotadas que he conocido. Gracias por volcar tu corazón en este proyecto conmigo. Estoy agradecido de tenerte como compañero de escritura y como amigo.

Robert Nolan, gracias por añadir los toques finales. Has marcado una gran diferencia en este libro, así como en *Ganar la guerra en tu mente*.

Tom Winters, ¡gracias por tus años de amistad y colaboración en los libros!

Webster Younce, Andy Rogers, Brian Phipps, Curt Diepenhorst, Sara Colley, Paul Fisher, Katie Painter, Sarah Falter y todo el equipo de Zondervan, me encanta el corazón que tienen ustedes para impactar vidas con la palabra escrita. Honran a Jesús con el trabajo que hacen, y eso se nota.

Adrianne Manning, Jenn McCarty, Courtney Donald y Katherine Fedor: ustedes son las mejores. ¡Gracias por toda su ayuda detrás de escena! (Y gracias por tolerar mis zigzags). ¡Son un regalo para nuestro ministerio!

Lector, gracias por creer que puedes cambiar. Le pido a Dios que utilices este libro para ayudarte a convertirte en la persona que Él quiere que seas.

Apéndice

Declaraciones de identidad y versículos bíblicos

- Deseado (Isaías 62:12)
- Precioso a sus ojos (Isaías 43:4)
- Una nueva criatura en Cristo (2 Corintios 5:17)
- No condenados (Romanos 8:1)
- Perdonado (Colosenses 1:14)
- Amado (1 Juan 3:1)
- Aceptado (Romanos 15:7)
- Un hijo de Dios (Juan 1:12)
- Amigo de Jesús (Juan 15:14)
- Libre (Juan 8:36)
- El templo de Dios (1 Corintios 6:19)
- El pueblo de Dios (Deuteronomio 7:6)
- Completo en Cristo (Colosenses 2:10, NTV)
- Escogidos (Colosenses 3:12)
- Llamados (2 Timoteo 1:9)
- Un embajador del Dios Altísimo (2 Corintios 5:20)
- Obra maestra de Dios (Efesios 2:10, NTV)
- Capaz de hacer todas las cosas por medio de Cristo que te fortalece (Filipenses 4:13)
- Más que vencedor por medio de Jesús, que te ama (Romanos 8:37)

Notas

CAPÍTULO 1.1: POR QUÉ HACES LO QUE HACES

1. James G. March, «Rule Following», cap. 2 en *A Primer on Decision Making: How Decisions Happen* (Nueva York: The Free Press, 1994).

CAPÍTULO 1.2: EL ESTANCAMIENTO A TRAVÉS DE LA MODIFICACIÓN DE LA CONDUCTA

1. Sí, soy consciente de lo cerca que estoy de que esto se convierta en un libro del Dr. Seuss. *No podemos anteponer el «quién» al «hacer», pero lo hacemos. ¿Lo haces tú? Quién eres es la razón por la que haces lo que haces. Un tú, dos tú, ¿cuál es el verdadero tú?*
2. James Clear, *Hábitos atómicos: Un método sencillo y comprobado para desarrollar buenos hábitos y eliminar los malos* (Barcelona: Diana Editorial, 2020).
3. Si quieres entender la teoría cibernética, pregúntale a alguien que no sea yo. La misma tiene que ver con el estudio de las cadenas circulares y causales y su relación con las acciones realizadas hacia un objetivo deseado. Los conceptos están más allá de la educación que recibí en la Universidad de Oklahoma City y en el Seminario Teológico Phillips. Mark Batterson explica la teoría cibernética en su libro *Sácale jugo al día: 7 hábitos diarios que te ayudarán a estresarte menos y a lograr más* (Barcelona: Editorial Origen, 2021).

CAPÍTULO 1.3: EL VERDADERO TÚ

1. Charlotte Nickerson, «Looking-Glass Self: Theory, Definition and Examples», *Simply Psychology*, 10 noviembre 2021, www.simplypsychology.org/charles-cooleys-looking-glass-self.html.

CAPÍTULO 1.4: EL FUTURO TÚ

1. Aquí tienes un video del discurso: Matthew McConaughey, «Academy Awards Acceptance Speech» (86º Premios de la Academia, Dolby Theatre, Los Ángeles, CA, 2 marzo 2014), www.youtube.com/watch?v=wD2cVhC-63I.
2. Hal Hershfield, «The Psychology of Your Future Self», YouTube, 11 julio 2021, www.youtube.com/watch?v=QBdIeC7FYkU.
3. Benjamin Hardy, «Take Ownership of Your Future Self», *Harvard Business Review*, 28 agosto 2020, hbr.org/2020/08/take-ownership-of-your-future-self.

4. Dan Gilbert, «The Psychology of Your Future Self» (TED2014, Vancouver, Canadá, 18 marzo 2014), 2:40, www.ted.com/talks/dan_gilbert_the_psychology_of_your_future_self.
5. Carol S. Dweck, *Mindset: La nueva psicología del éxito* (Málaga: Editorial Sirio, 2016). Y aquí hay una charla TED que ella dio: www.youtube.com/watch?v=hiiEeMN7vbQ.

CAPÍTULO 2.1: LA CUESTIÓN SOBRE LAS METAS

1. Mauro Prosperi, «How I Drank Urine and Bat Blood to Survive», BBC News, 27 noviembre 2014, www.bbc.com/news/magazine-30046426.
2. «Do Written Goals Really Make a Difference?», UGM Consulting, 20 enero 2021, ugmconsulting.com/do-written-goals-really-make-a-difference.
3. John Newton, «Gracia admirable», *Himnario Bautista*, n.º 183 (El Paso, TX: Casa Bautista de Publicaciones, mayo 2000).

CAPÍTULO 2.2: INTENTAR VERSUS ENTRENAR

1. Jessica Dickler, «As Inflation Heats Up, 64% of Americans Are Now Living Paycheck to Paycheck», CNBC.com, 8 marzo 2022, www.cnbc.com/2022/03/08/as-prices-rise-64-percent-of-americans-live-paycheck-to-paycheck.html; Andrew Herrig, «Personal Finance Statistics 2021: Shocking Facts on Money, Debt, and More», Wealthy Nickel, 9 enero 2021, wealthynickel.com/personal-finance-statistics; Erin El Issa, «2021 American Household Credit Card Debt Study», NerdWallet, 11 enero 2022, www.nerdwallet.com/blog/average-credit-card-debt-household.
2. Jerry M. Hullinger, «1 Corinthians 9:24 Comentary», Precept Austin, actualizado 15 abril 2021, www.preceptaustin.org/1_corinthians_924_commentary.
3. *Ibíd.*
4. *Star Wars: El Imperio Contraataca*, dirigida por Irvin Kershner, escrita por George Lucas (San Francisco: Lucasfilm, 1980), www.youtube.com/watch?v=eExL1VLkQYk.

CAPÍTULO 2.3: DISCIPLINA NO ES UNA MALA PALABRA

1. El cordón se llama técnicamente «cinturón». Te recomiendo encarecidamente que no digas «cordón» delante de personas con cinturones de mayor rango. Al menos no mientras estés a su alcance. (¡Pero seguro que parecía un cordón!)
2. Citado en John Maxwell, *¡Resiste! Cómo liderar en la adversidad* (Barcelona: Vergara y Riba Editoras, 2019).

CAPÍTULO 2.4: TU HÁBITO Y UN GIRO EN LA TRAMA

1. «Losing Weight», Centros para el Control y la Prevención de Enfermedades, 19 septiembre 2022, www.cdc.gov/healthyweiht/losing_weight/index.html.
2. James Clear, «Avoid the Second Mistake», James Clear (sitio web), consultado 6 octubre 2022, jamesclear.com/second-mistake.

CAPÍTULO 2.5: ESTOY ENTRENANDO

1. Los adultos pueden ascender a través de los cinturones: blanco, azul, morado, marrón y negro. Cada cinturón tiene cinco niveles, un cinturón claro y luego cuatro franjas que pueden otorgarse por tiempo, conocimiento, comportamiento y desempeño en los torneos. Obtenga más información en el sitio web de la Federación Norteamericana de Jiu-Jitsu Brasileño: www.nabjjf.com/index.php/belt-system.

CAPÍTULO 3.1: ¿CAMBIAR TU VIDA? CAMBIA TUS HÁBITOS

1. Espera. Antes de continuar, ¿no vamos a reconocer esta frase? ¿«Mi corazonada es que no te desvías mucho de lo que comes en el almuerzo»? ¿Me estás tomando el pelo? El mejor escritor de todos los tiempos, Shakespeare, escribió líneas como: «Los hombres en algún momento son dueños de sus destinos. / La culpa, querido Bruto, no está en nuestras estrellas, / sino en nosotros mismos» (Julio César, 1.2.139-41).
2. David T. Neal, Wendy Wood y Jeffrey M. Quinn, «Habits-A Repeat Performance», *Current Directions in Psychological Science 15*, no. 4 (agosto 2006), doi.org/10.1111/j.1467-8721.2006.00435.x.
3. Will Durant, *The Story of Philosophy* (Nueva York: Simon and Schuster, 1926), p. 87.

CAPÍTULO 3.2: USAR HILO DENTAL ME SALVÓ LA VIDA

1. Charles Duhigg, *El poder de los hábitos: Por qué hacemos lo que hacemos en la vida y en los negocios* (Barcelona: Editorial Vergara, 2019).

CAPÍTULO 3.3: EL CICLO

1. Clear, *Hábitos atómicos.*
2. Esta una explicación más científica: tu cerebro produce un neurotransmisor llamado dopamina. La dopamina es como una galleta cerebral. La liberación de dopamina te hace sentir bien. La dopamina se libera cuando tu cerebro espera una recompensa o está experimentando una situación placentera. Las drogas liberan dopamina. Por eso las drogas pueden ser adictivas. El sexo libera dopamina. Por eso el sexo puede ser adictivo. La comida libera dopamina. Por eso la comida puede ser adictiva. Tú entiendes.
3. Nicholas A. Christakis y James H. Fowler, «The Spread of Obesity in a Large Social Network over Thirty-Two Years», *New England Journal of Medicine*, 26 julio 2007, doi.org/10.1056/NEJMsa066082.

CAPÍTULO 3.4: EL ARTE DEL COMIENZO

1. Chip Heath y Dan Heath, *Switch: Cómo cambiar las cosas cuando el cambio es difícil* (Vintage Español, 2011).
2. Clear, *Hábitos atómicos.*
3. Sarah Milne, Sheina Orbell y Paschal Sheeran, «Combining Motivational and Volitional Interventions to Promote Exercise Participation: Protection

Motivation Theory and Implementation Intentions», *British Journal of Health Psychology* 7, no. 2 (mayo 2002), doi.org/10.1348/135910702169420.

4. Estoy seguro de que inventé esa palabra.

5. James Clear, «How the Two-Minute Rule Can Help You Beat Procratination and Start New Habits», CNBC.com, 1 febrero 2019, www.cnbc. com/2019/02/01/the-2-minute-rule-how-to-stop-procrastinating-and-start-new-habits.html.

CAPÍTULO 3.5: CÓMO DETENERSE ANTES DE FRACASAR

1. Ya sabes, como LarryBoy de *VeggieTales*.

CAPÍTULO 4.1: CONSTANCIA FANÁTICA

1. Jim Collins, *De buena a grandiosa* (Bookify Editorial, 2019).

2. *Ibíd*.

3. Malcolm Gladwell, «La regla de las 10.000 horas», capítulo 2 en *Fuera de serie: por qué unas personas tienen éxito y otras no* (Barcelona: Editorial Taurus, 2013).

4. Si no, busca en Google «OBJ catch» y contempla la grandeza.

5. Gladwell, *Fuera de serie*.

6. Ryan Ward, «Lakers Legend Kobe Bryant Never Got Bored with the Basics», Lakers Nation, 14 febrero 2017, lakersnation.com/lakers-legend-kobe-bryant-never-got-bored-with-the-basics/2017/02/14.

7. «Kobe Bryant's Mamba Mentality», Nike News, 23 agosto 2020, news.nike. com/news/kobe-bryant-nike-believe-film.

CAPÍTULO 4.2: TÚ EN DIEZ

1. Este eslogan lo hizo famoso Sonny el Pájaro Cuco, un legendario actor cómico de televisión en las décadas de 1980 y 1990. Ahora Sonny lleva una vida tranquila en las colinas de Hollywood, aunque se dice que sigue siendo propenso a los arrebatos repentinos durante el desayuno.

2. Gretchen Rubin, «Stop Expecting to Change Your Habit in Twenty-One Days», *Psychology Today*, 21 octubre 2009, www.psychologytoday.com/us/blog/the-happiness-project/200910/stop-expecting-change-your-habit-in-21-days.

CAPÍTULO 4.4: COSECHAS MÁS DE LO QUE SIEMBRAS

1. A menos que el mes sea febrero. Pero vamos a ignorar febrero, pues da al traste con el ejemplo.

2. Jim Schleckser, «Why Enstein Considered Compound Interest the Most Powerful Force in the Universe», Inc., www.inc.com/jim-schleckser/why-einstein-considered-compound-interest-most-powerful-force-in-universe. html.

3. Anthony Robbins, mensaje especial sobre *El efecto compuesto*, de Darren Hardy (Dallas: Editorial Success, 2010).

4. Clear, *Hábitos atómicos*.

5. Billy Graham, «Guideposts Classics: Prayer Tips from Billy Graham», *Guideposts*, agosto 1960, www.guideposts.org/inspiration/inspiring-stories/stories-of-faith/guideposts-classics-prayer-tips-from-billy-graham.
6. C. S. Lewis, *Mero cristianismo* (Nueva York: HarperOne, 2006).
7. Richard Carlson, *No te ahogues en un vaso de agua* (Madrid: Debolsillo, 2018).

CAPÍTULO 4.5: COSECHAS DESPUÉS DE SEMBRAR

1. Clear, «Figura 2» en *Hábitos atómicos*.
2. *Ibíd.*

CAPÍTULO 5.1: YO NO PUEDO

1. Roxana Hegeman, «Sheriff: Woman Sat on Boyfriend's Toilet for Two Years», Wichita Eagle, 25 agosto 2014, www. kansas.com/news/local.
2. Vince Antonucci, *Restore: Break Out of Your Past and Into God's Future* (Carol Stream, IL: Tyndale, 2018), pp. 56-57.
3. Roy F. Baumeister y otros, «Ego Depletion: Is the Active Self a Limited Resource?», *Journal of Personality and Social Psychology* 74, no. 5 (1998), doi.org/10.1037/0022-3514.74.5.1252; Hans Villarica, «The Chocolate-and-Radish Experiment That Birthed the Modern Conception of Willpower», *Atlantic*, 9 abril 2012, www.theatlantic.com/health/archive/2012/04/the-chocolate-and-radish-experiment-that-birthed-the-modern-conception-of-willpower/255544.

CAPÍTULO 5.3: ¡TODO ESTÁ EN TI! (PERO EN REALIDAD NO ES ASÍ)

1. Bible Hub, biblehub.com/greek/strongs_4561.htm.

CAPÍTULO 5.4: RENUEVA, PERMANECE, RECONOCE, PIDE

1. «The Twelve Steps», Alcohólicos Anónimos, www.aa.org/the-twelve-steps.

¿HAS LEÍDO ALGO BRILLANTE Y QUIERES CONTÁRSELO AL MUNDO?

Ayuda a otros lectores a encontrar este libro:

- Publica una reseña en nuestra página de Facebook @**VidaEditorial**

- Publica una foto en tu cuenta de redes sociales y comparte por qué te agradó.

- Manda un mensaje a un amigo a quien también le gustaría, o mejor, regálale una copia.

¡Déjanos una reseña si te gustó el libro! ¡Es una buena manera de ayudar a los autores y de mostrar tu aprecio!

Visítanos en
EditorialVida.com
y síguenos en
nuestras redes sociales.